GUISE,
ou
LES ETATS DE BLOIS.

PRIX : 2 FRANCS.

IMPRIMERIE DE E. DUVERGER,
RUE DE VERNEUIL, N. 4.

GUISE,

ou

LES ÉTATS DE BLOIS,

DRAME LYRIQUE EN TROIS ACTES,

PAROLES

DE MM. DE PLANARD ET DE SAINT-GEORGES,

MUSIQUE DE M. ONSLOW.

REPRÉSENTÉ, POUR LA PREMIÈRE FOIS, A PARIS,
SUR LE THÉATRE ROYAL DE L'OPÉRA-COMIQUE,
LE 8 SEPTEMBRE 1837.

PARIS.
J. N. BARBA, LIBRAIRE,
PALAIS-ROYAL, GALERIE DE CHARTRES, Nos 2 ET 3,
DERRIÈRE LE THÉATRE-FRANÇAIS, A CÔTÉ DE CHEVET.

1837

PERSONNAGES. ACTEURS.

HENRI III, roi de France.　　　M. Moreau-Sainti.
CATHERINE DE MÉDICIS.　　　Mme Boulanger.
Le duc de GUISE.　　　M. Chollet.
La marquise de SAUVE.　　　Mlle Prévost.
LARCHANT, officier du roi.　　　M. Henri.
SAINT-POL, officier de Guise.　　　M. Victor.
LOIGNAC, Gascon.　　　M. Farcueil.
PÉRICART, portier du château.　　　M. Couderc.
PAULETTE, laitière.　　　Mlle Jenny-Colon.

Quatre ordinaires, courtisans et bourgeois des deux sexes, ligueurs, députés à l'assemblée des États, soldats et gens du roi et de Guise.

La scène est au château de Blois, en 1588.

GUISE,

ou

LES ÉTATS DE BLOIS,

OPÉRA-COMIQUE.

ACTE PREMIER.

Le théâtre représente la cour du château de Blois; les bâtiments dans le fond. Une terrasse avec deux escaliers pour arriver en scène; des lanternes faiblement éclairées sur la terrasse. Il fait nuit. On distingue sur les toits ou dans les ciselures des murs des couches de neige ou de givre. A gauche, sur le devant, la maison du portier avec une poterne ouvrant sur la campagne. Plus haut, derrière la maison, la principale entrée de la cour. A droite, sur le devant, la porte d'une chapelle; plus haut, du même côté, l'entrée du jeu de paume du roi.

SCÈNE PREMIÈRE.

LARCHANT, *à la tête de quelques soldats.*

TOUS.
Faisons bien notre ronde,
Vers la fin de la nuit;

GUISE,

Au château tout le monde
Dort encor; point de bruit.

LARCHANT.

Pour celui qui sommeille
Le soldat toujours veille.
Suivez-moi sans retard ;
Visitons le rempart.

TOUS, *sortant.*

Faisons bien notre ronde, etc.

SCÈNE II.

LE DUC DE GUISE, *arrivant du château et avec mystère.*

CHANT.

J'ai devancé l'instant. Il n'eût pas été sage
D'attendre le retour de ces soldats du roi ;
J'aurais pu les trouver plus tard sur mon passage,
Et du mystère ici tout me fait une loi.

ROMANCE.

PREMIER COUPLET.

J'attends ici la noble amie
De qui mon cœur subit la loi.
Cache-la bien, je t'en supplie,
O nuit! conduis ses pas vers moi.
Grandeurs et gloire, à votre empire
Lorsque je livre tous mes jours,
Pendant un seul je ne désire
Que le mystère des amours.

DEUXIÈME COUPLET.

Du haut des cieux la messagère
Répand sur nous sa pâle lueur,
Et l'angélus, annonçant la prière,
Sera pour moi le signal du bonheur.
Grandeurs et gloire, à votre empire, etc.

(On entend sonner au loin l'angélus.)

Par son billet elle m'assure
Que, fidèle à nos vœux secrets,

ACTE I, SCÈNE II.

On doit la conduire ici près.
(Il frappe chez le portier en l'appelant.)
Péricart ! Péricart !

SCÈNE III.

GUISE, PÉRICART, *sur le seuil*.

PÉRICART, *en bonnet de nuit*.
Pendant la nuit obscure
Qui peut ainsi ?
GUISE.
Tais-toi ! tais-toi !
Où sont les clefs ? Vite, ouvre-moi.
PÉRICART, *se prosternant*.
Ah ! monseigneur !...
GUISE.
Dépêche-toi.
(Ils vont à la poterne.)

SCÈNE IV.

GUISE, PÉRICART, LE ROI, *arrivant du château avec mystère*.

LE ROI.
On l'a vu de chez lui sortir avec mystère.
Quelle est donc l'importante affaire ?...
(Il écoute.)
Chez Péricart j'entends ouvrir.
GUISE, *sortant par la poterne, à Péricart*.
Ne ferme pas encor, car je vais revenir.

SCÈNE V.

LE ROI, PÉRICART.

PÉRICART, *grelottant*
Quel froid ! Maudit château ! pas moyen d'y dormir !

LE ROI, *lui frappant sur l'épaule.*
Péricart.

PÉRICART, *surpris.*
Ciel! le roi!

LE ROI.
Réponds avec franchise.
Où va donc, si matin, mon beau cousin de Guise?

PÉRICART.
Sire, je n'en sais rien. Il revient sur ses pas.

LE ROI, *à l'écart.*
Tais-toi; ne me découvre pas.

(Il se cache derrière la chapelle.)

SCÈNE VI.

LES MÊMES, LE ROI, GUISE, LA MARQUISE DE SAUVE, *en habit de voyage, mante fourrée, etc.*

LA MARQUISE, *à Guise.*
Non, non, votre présence a rassuré mon âme ;
Je n'ai plus de frayeur.

LE ROI, *à part.*
Il amène une femme.

GUISE, *à la marquise.*
Ah! je crois faire un songe.

LA MARQUISE.
Et vous semble-t-il doux?

LE ROI, *frappé du son de voix.*
Ah! je la reconnais!

GUISE, *à la marquise.*
Est-il vrai? c'est bien vous!
Mais venez.
(On entend revenir la ronde.)
Un instant! laissons passer la ronde.

(Ils entrent chez Péricart ; le roi se tient derrière le portique de la chapelle. Péricart reste seul au milieu de la scène avec embarras.)

ACTE I, SCÈNE VII

SCÈNE VII.

LES MÊMES, PÉRICART, LARCHANT, SOLDATS.

LARCHANT *et* SOLDATS.
Terminons notre ronde,
Car la nuit va finir ;
Voici l'heure où le monde
Va cesser de dormir.

(Halte au fond.)

LARCHANT, *regardant.*
Eh ! j'aperçois quelqu'un qui veille.
Sur mon honneur ! c'est Péricart.
Déjà levé ? L'heureux hasard !
Au cabaret burons bouteille.

PÉRICART, *embarrassé.*
Quoi ! si matin ?

LARCHANT.
Oui, mon garçon.
Tu dois connaître ma chanson.

(Entonnant un refrain.)

« Le soir j'adore ma maîtresse,
« Et le matin
« J'aime le vin. »

PÉRICART, *entrant chez lui.*
Il faut que je m'empresse,
Pour la faire partir,
De satisfaire à leur désir.

LARCHANT.

COUPLETS.

PREMIER COUPLET.

Chacun son goût dans ce bas monde.
L'avare pâlit sur son or,
D'autres fous dont la France abonde
Des honneurs font leur seul trésor.

En bon vivant, moi, je préfère
  Le choc du verre,
    Les amours.
Et, pour passer galment mes jours,
Moi je partage ma tendresse ;
Le soir j'adore ma maîtresse,
    Et le matin
    J'aime le vin.

(Péricart revient et leur verse à boire.)

DEUXIÈME COUPLET.

Sois pour le roi, m'a dit mon père.
Pour le roi, mort-Dieu ! je me bats.
Je suis bon soldat à la guerre
Et je me plais dans les combats ;
Mais à tout cela je préfère
  Le choc du verre,
    Les amours.
Et, pour passer galment mes jours,
Moi je partage ma tendresse ;
Le soir j'adore ma maîtresse,
    Et le matin
    J'aime le vin.

(La ronde rentre au château ; Guise et la marquise y rentrent aussi par un autre côté. Le roi se glisse furtivement à la suite de la ronde, en faisant signe à Larchant qu'il veut lui parler. Le jour arrive par degré.)

SCÈNE VIII.

PÉRICART, *seul.*

Saint Péricart, mon bienheureux patron, venez à mon aide ! Mon oncle avait bien besoin de me faire quitter le village et ma gentille Paulette pour me donner en héritage la place de portier du château de Blois. Quel métier que le mien !... Il y a des profits, me disait le pauvre cher homme !... Ah bien ! oui !... les Valois et les Guisards ne m'ont encore donné pour étrennes que des horions et des gourmades. Je ne sais de quel côté me retourner. Si je suis pour le roi, pan!... Si je suis pour monsieur de Guise, pan!... Et si je suis pour tous les deux, pan! pan!... double ration!... il faudra que j'essaie de leur dire que je ne suis pour personne.

SCÈNE IX.

PÉRICART, LARCHANT.

LARCHANT, *levant la main.*

Heim!... tu n'es pour personne?

PÉRICART, *ayant peur.*

Si fait!... c'est aux Guisards que je parle ainsi. Mais avec le brave Larchant, le commandant des Ecossais! malepeste!... je dis : Vive le roi!... et que Dieu lui fasse la grâce de rentrer bientôt dans sa bonne ville de Paris, pour y faire brûler devant les tours de Notre-Dame cette méchante sorcière, cette coureuse des rues qu'on appelle madame la Ligue.

LARCHANT.

Amen! mais en attendant que nous puissions jouer à l'arquebuse, le roi veut ce matin jouer à la paume avec monsieur de Guise ; une grande partie! des dames sont invitées; un caprice de roi. Il a fait éveiller les femmes de la reine-mère ; ainsi dépêche-toi, va balayer le jeu de paume, puis nous déjeunerons, si nous avons le temps.

PÉRICART.

Vous êtes bienheureux d'avoir toujours bon appétit de grand matin.

LARCHANT.

Harnibieu! ce n'est pas l'appétit qui me manque, mais la paie qui se fait attendre; nous avons les dents longues comme des loups par un temps de neige ; l'assemblée des Etats nous coupe les vivres. Mais patience ! si jamais on nous donne la curée de ces bourgeois criards et de ces moines bien nourris, nous aurons d'autre pitance que du fromage de Brie et de la rinçure de tonneau ? Allons, à ton ouvrage et fais grand feu dans les poêles de la salle.

PÉRICART.

Oui, oui, un feu de Noël, puisque nous y voilà.

LARCHANT.

Comme tu dis ; et pour ces fêtes-là, si le roi le pouvait, je crois qu'il ferait chanter à monsieur de Guise un fameux cantique.

PÉRICART.

Taisez-vous donc ! voilà Saint-Pol qui sort de la chapelle ; vous savez bien qu'il n'y a pas de Guisard et de ligueur plus enragé. Causez, dites-vous des sottises comme à l'ordinaire, mais qu'il ne sache pas que je suis des vôtres ! Un portier comme moi ne voit rien, ne sait rien, et ne se mêle de rien.

(Il sort dans le jeu de paume.)

SCÈNE X.

LARCHANT, SAINT-POL.

LARCHANT.

Ah ! te voilà, triste oiseau de nuit, vieux mangeur de reliques ; d'où sors-tu donc de si bonne heure ?

SAINT-POL.

Je viens de prier Dieu pour mon maître, le grand prince de Guise.

LARCHANT.

Monsieur de Guise était un noble cœur, un brave

guerrier; je l'aimais, j'ai fait trois campagnes avec lui ; mais vous l'avez égaré par vos conseils perfides, et tu as beau t'asperger d'eau bénite à son intention, peine perdue ; il n'y a que Satan qui écoute des *oremus* en faveur d'un sujet rebelle.

SAINT-POL.

En attendant, nous avons assiégé le Louvre, enfoncé les portes, et nous avons foulé sous nos pieds vos riches tapis du garde-meuble.

LARCHANT.

En ce cas-là, ils doivent être propres ; mais si vous étiez les seigneurs du Louvre, que n'y restiez-vous donc avec vos courtisans de la place Maubert, au lieu de venir ici pour intriguer encore à l'assemblée des Etats.

SAINT-POL, *avec regret*.

Oui, sans doute !... c'est à Paris qu'il fallait rester... et si monseigneur de Guise avait écouté ses vrais amis !...

LARCHANT, *le raillant*.

Il est trop tard à cette heure... Nous vous tenons au château de Blois; la ville est bonne, et les bourgeois ne se laissent pas empoisonner par l'orviétan que vous débitez dans les carrefours de la capitale.

SAINT-POL.

Tes manants de province sont si lourds et si bêtes !

LARCHANT.

C'est vrai ! on ne peut pas les remuer, les ameuter à volonté et les pousser au désordre pour augmenter leur misère.

SAINT-POL.

Oh ! mes bons Parisiens ! que je vous regrette ! quelle docilité pour crier ce qu'il faut !

LARCHANT.

Oui, comme des grenouilles en temps d'orage.

SAINT-POL.

Quel concert admirable!

LARCHANT.

Quels poumons élastiques!

SAINT-POL.

Quelle facilité à vous faire courir à droite ou à gauche!

LARCHANT.

Pour gagner des rhumes ou la pleurésie!

SAINT-POL.

Et quel empressement à quitter le travail, à déserter la boutique!

LARCHANT.

Et le soir arrivé, pas une once de pain pour les femmes et les enfants!

SAINT-POL, *se fâchant*.

Tais-toi, Valois hérétique!

LARCHANT, *de même*.

Silence, toi-même, charlatan Judas! Je te dis que ta drogue ne vaut rien dans ce pays, et ton patron lui-même... (*montrant l'escalier de droite.*) Ah! le voilà qui vient avec sa procession de flatteurs!... Une heure avant le jour ils ont fait antichambre en soufflant dans leurs doigts.

SAINT-POL.

Vois quelle cour nombreuse!

LARCHANT, *sortant*.

Adieu, Guisard!

SAINT-POL.

Au diable!

(On voit arriver le duc de Guise entouré de courtisans, hommes et femmes. Un groupe de ligueurs, députés du tiers, suit de même et se range à part sur le théâtre.)

SCÈNE XI.

GUISE, SAINT-POL, COURTISANS DES DEUX SEXES, QUELQUES SEIGNEURS, *présentant des placets au Duc.*

CHŒUR, *obsédant Guise.*
Monseigneur!... monseigneur!.
Recevez... mon hommage...
Je venais... j'ai l'honneur...
Je voudrais... l'avantage...
Monseigneur, monseigneur, monseigneur, monseigneur.
Recevez, s'il vous plaît,
Et mes respects et mon placet.

GUISE, *les faisant taire et prenant leurs placets.*

Eh! oui, messieurs, oui, mes belles dames, vos demandes sont justes; il vous faut des places, des faveurs, des emplois, de bons gouvernements; c'est tout simple, et nous vous en ferions faire plutôt que de vous en laisser manquer; comptez sur moi, vous disje, comptez sur l'avenir. Je veux donner la France à tous mes amis. Tenez, Saint-Pol, gardez ces papiers; (*à part.*) et qu'il n'en soit plus question. (*haut.*) Oui, messieurs, ce soir même on me rendra compte de tous vos placets, et pour vous prouver que je ne suis point oublieux... marquis, vous aurez votre gouvernement du Nivernais; madame la présidente, on examinera vos titres pour ce fief du Périgord. Ah! monsieur d'Espignac, dites à votre cousin l'archevêque qu'il m'est arrivé des nouvelles de Rome; un chapeau rouge le guérira de sa fluxion. Quant à vous, messieurs de la chambre du tiers, je suis enchanté de vous voir. (*aux Ligueurs.*) Eh bien! monsieur Marteau, vous accoutumez-vous aux fatigues de la présidence? quelle tête il vous faut! quelle patience!... je vous admire. Monsieur Crucé, vous avez parlé trois heures sans respirer... je ne conçois pas votre talent! A propos, votre ami, monsieur Chopin est-il de retour? Ah! le voici : touchez-là, mon brave municipal de Romorantin, que je vous fasse mes compliments. Oui, mesdames, il a eu l'attention de m'écrire trois pages pour me faire savoir que madame Chopin venait de lui donner deux gros garçons qui se portaient à merveille. (*Rire des courtisans. On entend un roulement de tambours.*) Mais taisons-nous, messieurs, taisons-nous... on ouvre sur la terrasse, et voici venir monseigneur le roi de France, premier pénitent de son royaume, et Henri troisième du nom.

Deux hallebardiers se rangent sur la terrasse; des tambours recommencent à battre aux champs; le roi sort du château et descend dans la cour, suivi de Larchant, de deux ou trois seigneurs seulement, et de quelques dames.)

SCÈNE XII.

LES MÊMES, LE ROI, LARCHANT, PÉRICART, SEIGNEURS ET DAMES, LIGUEURS, SAINT-POL.

LE ROI.

Assez... tambours... assez... à ma petite cour du château de Blois tout doit être modeste... laissons là les aubades et l'étiquette. (*à Guise et aux courtisans.*) Bonjour, mon beau cousin ; bonjour, messieurs. Dieu vous garde, mesdames. Vous m'allez voir jouer une belle partie avec monsieur de Guise, et je me sens en train de lutter contre lui par ce beau froid de décembre. J'ai des revanches à prendre; c'est un rude joueur! il a des coups brillants, très hardis ; mais j'ai le jeu plus sûr, plus sage, plus patient... Enfin, vous allez voir et juger de notre force ou de notre adresse.

GUISE, *à part.*

Quel caquetage, ce matin !

LARCHANT, *bas à Péricart.*

Le roi joue comme un chat !

PÉRICART, *bas à Larchant.*

La souris a des dents.

GUISE, *avec humeur.*

Sire, votre gaîté doit nous réjouir tous !

LE ROI.

Oui... je suis gai, content ; tout ne va-t-il pas bien ? L'assemblée des États est un peu babillarde, mais elle finira par arranger les affaires du royaume. En attendant, le roi se repose, il fait l'écolier de l'Université, il prend ses vacances au château de Blois ; cela est amusant, et si je suis satisfait, je pense, mon cousin, que vous devez l'être aussi.

GUISE, *avec fierté.*

Non, Sire !... et puisque je trouve un moment pour entretenir Votre Majesté...

LE ROI.

Très volontiers. (*bas à Larchant.*) Larchant, allez chercher la marquise de Sauve ! (*aux courtisans.*) Veuillez, je vous prie, aller m'attendre au jeu de paume. (*à Guise.*) Eh bien !.... monsieur le duc... tenez, là... sur ce banc, il y a place pour deux ; c'est plus large qu'un trône. (*Ils s'assoient tous les deux sur un banc qui est à la porte de Péricart.*) Qu'y a-t-il, mon cousin ? vous avez tout crédit.

GUISE, *haussant la voix.*

Eh ! Sire, vous savez mieux que moi ce que je veux

dire; vous avez promis à la sainte union catholique une déclaration solennelle pour exclure à jamais du trône le roi de Navarre et sa postérité.

LE ROI.

Mais, par la mort-Dieu! la sainte union catholique me croit-elle déjà dans l'autre monde, pour penser si vite à mon successeur? Et pour ne pas avoir d'enfants, ai-je donc soixante-dix ans et ma femme aussi? Ne vous désespérez pas, monsieur le duc, je vois quel intérêt vous prenez à ma race; tranquillisez-vous, je veux avoir des héritiers, et au moyen d'un bon pèlerinage à Notre-Dame de Cléry...

GUISE, *s'impatientant.*

Sire... la raison d'état n'admet point le badinage, et la France veut des rois reconnus par la cour de Rome.

LE ROI.

Bon, bon! mon beau-frère le roi de Navarre n'a pas une conscience entêtée, et il disait un jour, avec son air goguenard, que Paris valait bien une messe.

GUISE, *se levant avec emportement.*

Vive Dieu! Sire, ne vous jouez pas de moi! Le nom seul du Béarnais me fait monter le rouge au visage, et si je découvrais entre vous deux quelque négociation secrète, la moindre intelligence perfide... pensez-y bien, mort-Dieu, rien ne m'arrêtera. Guerre à lui!... guerre à vous!...

LE ROI, *à part, se levant.*

Insolent. (*haut et riant.*) Eh! là, là, mon cousin! il n'y a plus moyen de rire avec vous. Le Béarnais, bon Dieu? et qui songe à lui? calmez-vous... (*voyant arriver la marquise.*) Et tenez, voici... grâce au ciel, de quoi ramener la gaîté sur vos traits et la joie dans votre cœur.

ACTE I, SCÈNE XII.

GUISE.

Qu'est-ce donc, Sire? que vois-je? la marquise!

LE ROI, *au duc, avec ironie.*

Vous ne vous attendiez pas à cela, monsieur le duc ; c'est une surprise que je vous ménageais.

GUISE, *à part.*

Quel serpent! on a beau le serrer, il échappe toujours!

SCÈNE XIII.

LE ROI, GUISE, LA MARQUISE, LARCHANT, PERICART.

ENSEMBLE.

LE ROI.	GUISE.
Le dépit, la surprise	Il savait la marquise
Se font voir dans ses yeux.	De retour en ces lieux.
Il croyait la marquise	Mais feignons la surprise
En secret en ces lieux.	Pour tromper tous les yeux.
LA MARQUISE.	PÉRICART *et* LARCHANT.
A vos ordres soumise,	Il croyait la marquise
Je me rends en ces lieux.	En secret en ces lieux.
Ah! je tremble que Guise	Le dépit, la surprise
Ne s'oublie à ses yeux.	Se font voir dans ses yeux.

LE ROI.

Cette noble visite
A droit de vous surprendre.

GUISE, *à part.*

Ah! le royal espion!

(s'adressant au roi.)

Et qui pouvait s'attendre
A vous devoir ce moment enchanteur?

LA MARQUISE.

Cela doit, en effet, étonner monseigneur.

GUISE.

Ma surprise déjà fait place à mon bonheur.

ENSEMBLE.

LE ROI.	GUISE.
Toujours mon adresse	En vain son adresse
Le surprend, le blesse ;	Me surprend, me blesse,
Oui, je veux sans cesse	Je saurai sans cesse
Triompher ici.	Triompher de lui.

LA MARQUISE, LARCHANT et PÉRICART, *montrant le roi et Guise.*

En vain son adresse
Le surprend, le blesse ;
Il saura sans cesse
Triompher ici.

LE ROI, *à Guise.*

Partons, le jeu pour nous doit s'apprêter.

GUISE, *à la marquise.*

A ce jeu laissez-vous conduire.

LE ROI, *avec ironie, à Guise.*

Mon cousin, avec moi voudra-t-il bien lutter?

GUISE, *avec énergie.*

Lutter avec vous? toujours, Sire.

Reprise de l'ensemble.

En vain son adresse, etc.

(Le roi donne la main à la marquise, Guise les suit, et ils sortent tous excepté Péricart.)

SCÈNE XIV.

PÉRICART, PAULETTE.

PÉRICART, *seul un instant.*

Le roi fait le galant auprès de la belle de M. de Guise. Ces deux chrétiens-là cherchent toujours à se filouter l'un l'autre.

PAULETTE, *en dehors à la poterne.*

Holà, hé... Péricart!...

PÉRICART, *allant lui ouvrir.*

Ah! voilà mon amoureuse à moi, et qui n'entre pas en cachette comme les marquises.

PAULETTE, *entrant, un pot au lait sur la tête et un ustensile d'argent à la main.*

Bonjour et bon an. Tiens, prends mon pot au lait, que je me repose un tantinet. Je suis lasse, va.

(Elle pose aussi son vase d'argent.)

PÉRICART, *lui aidant.*

C'est qu'il y a une bonne lieue de la ferme jusqu'ici, et tu portes bien sur ton coussinet la valeur de quarante livres pesant?

PAULETTE.

Oh! oui, j'ai du débit depuis que la cour est à Blois. Les dames d'honneur de la reine aimeraient mieux se passer d'aller à confesse que d'avaler leur crème chaque matin.

PÉRICART.

Et à propos de tes nobles pratiques, dis-moi un peu, c'est-y véritable, quand on dit comme ça que la reine-mère te protége et te parle familièrement comme à quelque chose?

PAULETTE.

Oui, c'est véritable, je suis dans ses bonnes grâces. Voilà un ustensile d'argent, aux armoiries de France, qu'elle m'a confié avec un cadenas pour lui porter du lait de chèvre, par ordonnance de M. Miron, son premier médecin.

PÉRICART.

Oui, je sais; elle est malade, notre pauvre reine; elle ne sort qu'en chaise, et on la promène chaque matin autour des remparts... Son état me fait bien de la peine... Et te paie-t-elle bien?

PAULETTE.

Si elle paie?... Mon Dieu! Péricart, si tu avais assez d'esprit pour ne pas bavarder, il y a déjà longtemps que je t'aurais dit bien des choses!

PÉRICART.

Moi, jaser! moi, portier d'un château où je tire le cordon à tous les mystères du monde! Ah! peste! je suis devenu par force le plus muet politique...

PAULETTE, *fouillant dans sa poche.*

Eh bien! tiens, regarde cette monnaie couleur du soleil.

PÉRICART.

Des carolus d'or, sainte Vierge!

PAULETTE.

Eh bien! ta mère pourra-t-elle encore retarder nos fiançailles en disant que je n'ai pas de dot?

PÉRICART.

Tant de bonnes pièces pour quelques pintes d'eau blanche!

PAULETTE.

Eh non! pauvre nigaud, c'est pour des commissions secrètes. Elle est fine, la commère Catherine!

elle a des amis qui rôdent dans la campagne, et moi je porte la correspondance.

PÉRICART, *effrayé*.

O sainte Marie d'Embrun!... si monseigneur de Guise apprenait cette manigance?

PAULETTE, *riant*.

Monseigneur de Guise? Ah! vraiment je m'en gausse bien.... Hier matin il m'a pris le menton avec son gant tout parfumé.

PÉRICART.

Bah! quel honneur pour nous! Et pourquoi t'a-t-il fait cette courtoisie?

PAULETTE.

Pour me dire à l'oreille : « Petite mignonne, ce « soir même une grande dame descendra de litière « au carrefour de la forêt; tu la recevras à la ferme, et, « avant le sonner de l'angélus, tu la feras conduire « sans bruit à la poterne du château. »

PÉRICART.

Oh! cette dame qui ce matin? (*se récriant.*) Ah! çà, mais tu travailles donc pour tout le monde, toi? tantôt la reine, tantôt M. de Guise.

PAULETTE.

Comme tu dis : pour tout le monde! mais sans trahir personne. Je trotte pour l'un, je trotte pour l'autre. A quelle fin? je n'en sais rien, je n'en veux rien savoir. J'ignore ce qu'on écrit dans les petits papiers que je promène et que des inconnus me remettent. Le roi ou les Lorrains, la Ligue ou M. d'Epernon, l'Église ou le prêche, est-ce que tout ça me regarde? Ma seule politique est de servir les riches qui me donnent des écus pour t'épouser, de te faire endéver par-ci par-là pour que tu sois plus amoureux, et d'être avenante avec un chacun, manants, bourgeois et courtisans, pour entendre dire quand je passe : Par la mort-Dieu! voilà une jolie fille! Voyons, ça te convient-y?

PÉRICART.

Dame! ça me fait cet effet.

PETIT DUO.

PAULETTE, *riant.*

Va, va, laisse-moi faire.

PÉRICART.

Oh! je te laisse faire.

PAULETTE.

Tu seras mon mari.

PÉRICART.

Je l'entends bien ainsi.

PAULETTE.

Surtout, songe à te taire.

PÉRICART.

Oh! moi, je sais me taire.

PAULETTE.

J'ai de l'esprit pour deux.

PÉRICART.

Ma foi! c'est fort heureux.

PAULETTE.

Oh! laisse-moi faire.
La simple laitière,
Dans peu, je l'espère,
Saura parvenir.
Que la reine-mère
Double mon salaire,
En riche fermière
Je veux m'établir.
Puis monsieur de Guise,
Sur l'or de l'Église,
Me doit une mise
Qui m'arrondira.
Et bientôt ta femme,
La fierté dans l'âme,

En grosse madame
Se promènera.

PÉRICART.

Oh! moi, j'ai beau faire,
Le sort m'est contraire,
Et je désespère
De mon avenir.
La journée entière,
Dans mon ministère,
J'ai pour tout salaire
Des coups à souffrir.
Si monsieur de Guise,
Sur l'or de l'Église,
S'est fait une mise,
Il la gardera;
Et jamais ma femme
Du nom de madame
Ne s'appellera.

PAULETTE.

Va, va, laisse-moi faire, etc.

PÉRICART.

Oh! je te laisse faire, etc.

SCÈNE XV.

LES MÊMES, LA REINE *sur la terrasse, en chaise à porteurs ; un gentilhomme à pied précède la chaise.*

PÉRICART, *à Paulette*.

Tiens! vois-tu passer la reine?
Dans sa boîte on la promène.

PAULETTE.

Vient-elle ici?

PÉRICART.

De cette cour
Ses porteurs font souvent le tour.

PAULETTE.

Elle va sûrement me donner audience.
Regarde, et juge un peu de notre intelligence.

PÉRICART.

La voilà.

PAULETTE.

C'est fort bien.
Regarde, et ne dis rien.

(La chaise s'arrête près de la chapelle; la reine en sort.)

LA REINE.

Ah! c'est toi, gentille laitière.
Voilà mon gentilhomme et mon maître-d'hôtel;
Sa chèvre me nourrit.

PAULETTE, *désignant le vase d'argent.*

Je viens, selon l'usage,

Vous porter...

LA REINE.

Grand merci.

PAULETTE *à son oreille.*

J'ai là, sous mon manteau...

LA REINE, *bas et vite.*

Un billet?

PAULETTE, *de même.*

Très pressé.

LA REINE, *haut, lui prenant le menton.*

Oh! le malin visage!

As-tu des amoureux?

PAULETTE.

Je n'en ai qu'un.

PÉRICART, *à l'écart.*

Fort bien.

LA REINE, *détachant sa croix.*

Voyons, depuis longtemps je ne te donne rien,
Et je veux à ton cou passer cette parure.

ACTE I, SCÈNE XV.

PAULETTE.

Une croix d'or !

LA REINE, *lui passant le ruban.*

Sans doute.

PAULETTE, *bas.*

A gauche, à ma ceinture.

LA REINE, *ayant pris le billet.*

Bonjour. Je me sens mieux ; l'air vif me semble bon.

(Elle va à l'écart, les yeux sur le billet.)

PAULETTE, *bas à Péricart.*

As-tu vu ?

PÉRICART.

Rien du tout.

PAULETTE, *riant.*

Oh ! le pauvre garçon !

LA REINE, *à part, les yeux sur le billet.*

Se peut-il ! oh ! le traître !
S'attaquer à son maître !
Sa mort, sa mort ; point de pardon !

(On entend plusieurs voix fortes crier à la grande porte de la cour.)

LARCHANT.

Ouvrez ; holà ! point de paresse.
Holà ! point de retard nouveau.
Allons, allons, que l'on s'empresse ;
Ouvrez la porte du château.

PÉRICART.

Voilà le sabbat qui commence.

LA REINE.

Ah ! quel tapage ! quel fracas !

PÉRICART, *allant ouvrir.*

Ce sont nosseigneurs des États.

LA REINE, *entrant à la chapelle.*

Voilà les maîtres de la France.

SCÈNE XVI.

PÉRICART, PAULETTE, députés du tiers, *se joignant à ceux qui ont passé la nuit au château pour assister au lever de Guise, et qui reparaissent par l'escalier à gauche.* **BOURGEOIS, HOMMES ET FEMMES DE LA VILLE DE BLOIS**, *qui suivent les députés avec curiosité.*

CHŒUR DES DÉPUTÉS ET SEIGNEURS.

Allons à la séance,
Notre devoir est là,
Et le bien de la France
Nous récompensera.

SCÈNE XVII.

LES MÊMES, **LE ROI, GUISE, LA MARQUISE, LARCHANT, SAINT-POL**, ET COURTISANS *qui suivent.*

LE ROI, *aux députés avec ironie.*

Salut, grands soutiens de la France.
Allons, allons prendre séance.

(aux bourgeois, avec bonté.)

Salut, bons habitants de Blois,
Amis fidèles de vos rois.

LARCHANT, *aux bourgeois.*

Que Dieu protége notre prince!
Vive le roi!

BOURGEOIS, *criant.*

Vive le roi!

SAINT-POL, *aux Ligueurs.*

Voyez ces manants de province.

ACTE I, SCÈNE XVII.

LES LIGUEURS.
Vive le soutien de la foi !
Vive à jamais monsieur de Guise !

ENSEMBLE.

LARCHANT *et* BOURGEOIS.
Du fond du cœur, avec franchise,
Vive le roi ! vive le roi !

SAINT-POL *et* LIGUEURS.
Vive à jamais monsieur de Guise !
Le grand soutien de notre foi !

SCÈNE XVIII.

LES MÊMES, LA REINE, *sortant de la chapelle.*

LA MARQUISE, *baisant la main de la reine.*
Que Votre Majesté reçoive mon hommage.

LA REINE, *surprise.*
Ah ! ma belle ! c'est vous ? Quel fortuné voyage ?...

LE ROI.
Quoi ! ma mère ?

LA REINE, *le tirant à part.*
Oui, mon fils. Je faisais quelques pas ;
Mais j'ai besoin de votre bras.

LA MARQUISE, *à Guise, regardant la reine.*
Hélas ! quelle pâleur ! C'en est fait de sa vie.

GUISE, *bas.*
Oui ; mais elle a toujours son perfide regard.

LA REINE, *bas au roi.*
Je vous attends ce soir.

LE ROI.
Comment ?...

LA REINE.
Et pas trop tard.

LE ROI.
Qu'est-ce donc ?

LA REINE.
Parlez bas. Mais venez, je vous prie.

LE ROI.

Quel secret ?...

LA REINE.

Taisons-nous.

LA MARQUISE, *bas à Guise.*

Partez-vous avec moi ?

GUISE, *lui répondant.*

Nous verrons.

LA MARQUISE.

Il le faut.

GUISE, *regardant le roi.*

Oh ! le traître !

LA MARQUISE.

Le roi ?

GUISE.

Il me trompe toujours ; il manque à sa parole.
Rasé, dans un couvent, voilà, voilà son rôle.

CHŒUR.

Allons à la séance,
Notre devoir est là,
Et le bien de la France
Nous récompensera.

(Les députés montent les escaliers de la terrasse ; le roi et Guise les suivent. La reine s'empare du bras de la marquise pour regagner le château. Paulette, qui a été porter son lait au château, revient prendre ses ustensiles, dit adieu à Péricart et s'en va par la poterne.)

FIN DU PREMIER ACTE.

ACTE DEUXIÈME.

Le théâtre représente une grande salle du château, illuminée et décorée pour une fête ; un banquet richement servi où Guise est assis avec la marquise et les dames de la cour. Les hommes entourent la table. Les musiciens sont placés sur une estrade dans le fond de la salle.

PREMIER TABLEAU.

GUISE, LA MARQUISE, SAINT-POL, COURTISANS ET DAMES DE LA COUR.

CHOEUR GÉNÉRAL.

Au sein de la folie,
Joyeuse compagnie,
Qu'ici chacun oublie
Tout souvenir fatal.
Que de femme gentille
L'œil noir s'anime et brille,
Et que le vin pétille
Dans l'or et le cristal.

GUISE, *à la marquise.*

Chantons ce virelai, ce refrain du bon temps,
Qui, sous François premier, charmait les courtisans.

COURTISANS.

Ah ! monseigneur prévient nos vœux ;
Nous écoutons, chantez tous deux.

GUISE, *aux musiciens.*

Allons, messieurs de la musique,
Tâchez de partir à la fois,
Et dans votre ardeur chromatique
Gardez-vous d'étouffer la voix.

CHOEUR.

Oh ! ce serait vraiment dommage.
Nous écoutons ; point de tapage.

CHANSONNETTE.

GUISE.

PREMIER COUPLET.

Le long de la rivière
Voici venir Margot,
Gentille bouquetière
D'Auteuil et de Chaillot.
Qu'elle est brave et pimpante !
Quels yeux doux et jolis !
Aux bourgeois de Paris
Elle sourit et chante :
Ah ! ah ! ah ! voici des fleurs,
Ah ! ah ! voyez quelles couleurs !
  Cavaliers fidèles,
  Pour plaire à vos belles,
  Souvent une fleur
  Vous porte bonheur.
  Quand votre main pose
  L'œillet et la rose
  Sur gentils corsets,
  Le cœur est bien près.
Ah ! ah ! voici la bouquetière,
  Ah ! ah ! ah ! ah !
La voici, la voilà.

LA MARQUISE.

DEUXIÈME COUPLET.

Elle est trop joliette
Pour manquer d'amoureux,
Mais toujours la coquette
Se moque de leurs vœux.
Au galant qui soupire
Elle échappe soudain,
Et reprend son refrain
Avec malin sourire :
Ah ! ah ! ah ! voici des fleurs, etc.

ACTE II, SCÈNE I.

GUISE.

TROISIÈME COUPLET.
Le long de la rivière,
Retournant à Chaillot,

LA MARQUISE.
Margot, la bouquetière,
Un soir trouva Charlot.

GUISE.
Pour finir le voyage,
Viens, çà, dans mon bateau,

LA MARQUISE.
Et que le fil de l'eau
Nous ramène au village.

GUISE.
Ah! ah! Margot, je t'aime tant!

LA MARQUISE.
Ah! ah! Charlot, j'en dis autant.

GUISE.
Si je sais te plaire,
Allons chez ta mère.

LA MARQUISE.
Si vite que ça?

GUISE.
Eh! oui! touche là.

LA MARQUISE.
Oh! quel caquetage
Dans tout le village!

GUISE.
Dimanche prochain,
Oh! jarni! quel train!

ENSEMBLE.
Ah! ah! voilà la bouquetière,
Ah! ah! Charlot a su lui plaire,
Ah! ah! ah! ah! ah!
La voici, la voilà.

CHŒUR, *applaudissant.*

Ah! que de talent!
C'est vraiment charmant!

(On se lève de table; Guise parcourt les groupes en remontant la scène. Pendant ce temps la marquise fait signe à Saint-Pol de venir lui parler bas.)

SAINT-POL, *bas à la marquise.*

Eh bien! madame?

LA MARQUISE, *bas et vite.*
    Il me résiste.

SAINT-POL.

Ah! quel malheur!

LA MARQUISE.
    Rassurez-vous.

SAINT-POL.

Vous espérez?...

LA MARQUISE.
    Oui, je persiste.

SAINT-POL.

Un tel succès...

LA MARQUISE.
    Me sera doux.

(très bas.)

Que tout s'apprête;
Que cette fête
Fasse grand bruit
Toute la nuit,
Et favorise
Mon entreprise
Et le succès
De nos projets.

ENSEMBLE.

Que tout s'apprête, etc.

GUISE, *vivement.*

Voici l'instant du bal, et je prétends l'ouvrir;
Je veux jusqu'à demain un chorus de plaisir.

ACTE II, SCÈNE I.

  Au sein de la folie,
  Joyeuse compagnie,
  Qu'ici chacun oublie
  Tout souvenir fatal.
  Pour les amants fidèles
  Il n'est point de cruelles.
  Venez, venez, mes belles ;
  Voici l'instant du bal.

CHOEUR GÉNÉRAL.
  Au sein de la folie, etc.

(Guise, la Marquise et toute la fête gagnent le fond du théâtre et se placent pour danser; les musiciens jouent un air de danse, et après les premières mesures le théâtre change.)

DEUXIÈME TABLEAU.

Le théâtre représente un petit cabinet de l'appartement de la reine-mère. Dans le fond, un peu à droite, une porte qui conduit à l'étage au-dessus, dans la chambre du roi. A gauche, et faisant pendant à cette porte, un devant de grande armoire ou placard. Sur les deux côtés, au deuxième plan, une porte ; à la première coulisse à droite, une cheminée, où l'on voit devant un mauvais feu une cafetière d'argent ; près de la cheminée un grand fauteuil de malade, un guéridon avec un sucrier et une tasse en vermeil. Des bougies allumées. Les meubles et les tentures sont tristes, vieux, usés, mais doivent rappeler une maison royale.

LE ROI, seul.

RÉCITATIF.

  Dans un coin sombre et solitaire
  De ce vieux et triste château,
Abandonné de tous, seul avec sa misère,
  Un roi de France!... Ah! quel tableau!

AIR.

  Ah! du moins, en présence
  De ce Guise odieux,
  D'un débris de puissance
  Je me pare à ses yeux.
  Devant lui la colère

Me ranime un instant,
Et ma parole amère
Fait pâlir l'insolent.
Je raille avec courage
Ce sujet déloyal,
Et lui jette au visage
Mon sarcasme royal.
Mais, seul avec la reine,
Quand je m'enferme ici,
Je me soutiens à peine,
Et reste anéanti.
 C'est trop souffrir.
 Cœur infidèle,
 Il faut finir
 Notre querelle.
 Le sang d'un roi,
 Viens le répandre;
 Seul avec moi
 Viens te défendre.
 Oui, oui, ton roi
 Seul avec toi!

SCÈNE III.

LE ROI, LA REINE.

(Le roi est tombé sur un siége ; la reine est arrivée à pas lents, pâle, et marchant avec peine.)

LA REINE, *d'une voix faible.*

Bonsoir, Henri.

LE ROI, *allant à elle et la faisant asseoir.*

Ah! ma mère, c'est vous... Eh bien! nouvel outrage! il donne une fête à la marquise! et pour mieux me braver, pour m'humilier encore, il s'est emparé d'une salle qui fait partie de nos appartements! Là, tout près de nous, un banquet, des guirlandes, des violons! Il est le maître, il m'a oublié dans ses invitations! J'en suis fâché! j'y serais allé avec mes braves Écossais, et au milieu du bal, en suivant la cadence, nous aurions joué des épées... et tue, mort-Dieu! tue!... lui et ses compagnons, au grand diable d'enfer qui les réclame tous!

LA REINE.

Mon fils, ménagez-moi... je souffre, et vos emportements augmentent mon mal...

LE ROI.

Pardon!... Ah! vos mains sont glacées!

LA REINE.

La nuit est si froide! (*montrant la cafetière.*) mais cette liqueur va rendre à mon sang de l'activité et de la chaleur. Je ne veux pas mourir ce soir. Vous avez besoin de moi, quelques jours encore.

LE ROI.

Ma mère!... ma pauvre mère!... et personne pour vous servir! Sommes-nous donc dans un désert?

LA REINE.

C'est par mon ordre que je suis seul avec vous; j'ai envoyé mes femmes à cette fête.

(Elle veut prendre la cafetière.)

LE ROI, *la servant*.

Non, non, laissez-moi faire... Oh! la couleur noire de ce spécifique ne me plaît guère. Si quelque drogue malfaisante...

LA REINE, *buvant*.

Non; c'est une découverte récente, une graine d'outre-mer qu'un Arabe a mis à la mode.

LE ROI.

Il faut se méfier!... ils sont capables de tout.

LA REINE.

Eh! qui pourrait songer à ôter quelques misérables jours à la pauvre Catherine? Je ne vaux plus la peine d'un crime! (*se levant.*) Et cependant peut-être, avant que l'on s'occupe à creuser ma tombe!...

LE ROI, *la suivant.*

Quoi donc!... vos yeux se raniment!... vous êtes mieux, je crois!

LA REINE, *s'appuyant sur le bras du roi.*

Profitez du moment, de ma force factice, écoutez bien.

LE ROI, *avec curiosité.*

J'écoute.

LA REINE, *avec la parole brève et fiévreuse.*

Ce matin, Loignac m'a écrit.

LE ROI.

Loignac!... ah! ce Gascon, cet agent du duc d'Épernon, qui se tient caché dans les environs et que vous avez choisi parce que son visage est inconnu de Guise et de toute la cour?

LA REINE.

Oui; il n'avait jamais quitté la Gascogne.

LE ROI.

Eh bien?

LA REINE.

Il va venir ici. C'est un serviteur qu'il faut ajouter au petit nombre de fidèles qui sont encore autour de nous.

LE ROI.

Prenez garde, ma mère!... par où entrera-t-il sans que les espions de Guise?...

LA REINE.

Ce n'est pas sans motifs que j'ai voulu loger dans ce coin du château qui est presque abandonné; je savais qu'il y existait d'anciennes oubliettes qui communi-

ACTE II, SCÈNE III.

quaient aux remparts. Lorchaut a retrouvé, déblayé le passage, et voilà une des issues... tenez, cette vieille armoire.

LE ROI.

En vérité?

LA REINE.

Le fond est une trappe. Loignac viendra par là.

LE ROI.

Fort bien; mais son billet?

LA REINE, *appuyant sur les mots.*

Voici ce qu'il m'annonce : Guise est un criminel de lèse-majesté; on l'appelle à Paris; tout y est préparé pour son couronnement; ses régiments de Picardie viendront l'attendre à Joinville; marche triomphale jusqu'au Louvre! Et sa sœur, cette vipère, la duchesse de Montpensier, promène à sa ceinture les ciseaux dorés qui doivent vous tonsurer et faire un moine, enfin, du dernier des Valois!

LE ROI, *en fureur.*

Oh! famille infernale!... Voilà votre ouvrage, ma mère! Je vous le disais bien qu'il fallait punir!... vous m'avez retenu! Toujours temporiser! voilà votre maxime!

LA REINE, *vivement.*

Mon fils, pardonnez-moi! oui, j'ai protégé ce traître contre vos desseins, j'ai refusé de croire à son crime. Oui, oui, j'ai fait le mal, je veux le réparer; et c'est moi, moi, vous dis-je, qui crie vengeance aujourd'hui!

LE ROI.

Eh! que faire à présent?

LA REINE, *à voix basse.*

Le tuer.

LE ROI.

Il n'est plus temps, ma mère! ses amis, sa puissance!...

LA REINE, *avec dédain.*

Qu'il tombe! et ses amis redeviendront vos serviteurs.

LE ROI.

Et comment l'arrêter? où lui trouver des juges?

LA REINE.

Des juges? impossible.

LE ROI.

Où peut-on le frapper? il a fait une forteresse de l'aile du château qu'il habite, et ses gardes, ses gentilshommes...

LA REINE.

La salle du conseil est près de votre chambre; même on peut s'assembler dans votre cabinet, et demain, au point du jour, vous avez une séance?

LE ROI.

Il est vrai, à sept heures.

LA REINE.

Il y vient presque seul?

LE ROI, *s'animant et souriant.*

Oh! quelle idée, ma mère!...

LA REINE.

Quel lieu plus favorable! près de nous, loin des siens!...

LE ROI.

Et qui le frappera? Larchant m'a refusé, Larchant si dévoué, si fidèle... Après cela puis-je compter sur aucun de mes ordinaires?

LA REINE.

Oui, Sainte-Malines, Dugast, Chalabre et La Bastide ont promis leurs services, et Loignac va venir.

LE ROI.

Est-il vrai?

LA REINE.

Oui, mon fils.

LE ROI.

Le cœur me bat.

LA REINE.

D'espoir?

LE ROI.

Je suis perdu si je ne le tue pas!

LA REINE.

Oui; point d'autre moyen.

LE ROI.

Ses projets criminels...

LA REINE.

Sont prouvés!

LE ROI.

Le perfide!

LA REINE.

Prononcez! Hâtez-vous!

LE ROI.

Oui, vengeance! vengeance!

LA REINE.

Suivez-moi.

(Elle remonte la scène; l'armoire secrète s'ouvre.)

SCÈNE IV.

LE ROI, LA REINE, LARCHANT.

LARCHANT.

Madame, nous voici.

LA REINE.

A merveille! venez.

LE ROI.

Nous sommes seuls.

LA REINE.

Et Loignac! où est-il?

LARCHANT, *redescendant la scène.*

Au bas de l'escalier... Mais, madame, êtes-vous bien sûre de ce gaillard-là? je le crois fort poltron. Il marche à pas craintifs, dresse les oreilles comme un lièvre, il a fait vingt signes de croix en entrant dans le souterrain, et il a de plus un accent de la Garonne qui lui donne l'air d'un bouffon bien plutôt que celui d'un homme résolu.

LA REINE.

N'importe, il est fidèle.

LE ROI, *à Larchant.*

Qu'il vienne, dépêchons.

LARCHANT, *au bord de la trappe.*

Holà! seigneur Loignac?

SCÈNE V.

LES MÊMES, LOIGNAC.

LOIGNAC, *sans être vu.*

Qui m'appelle?

LARCHANT.

Allons, vite!

LOIGNAC, *montrant la tête.*

Oih!... sang-Dieu! quel chemin! j'aimerais mieux grimper l'Échelle de Jacob!

LARCHANT.

Montez donc.

ACTE II, SCÈNE V.

LOIGNAC, *avec précaution.*

Plaît-il?

LARCHANT.

Je vous dis d'avancer.

LOIGNAC.

J'entends bien, mais d'abord...

LARCHANT, *le tirant en scène.*

Viendrez-vous, ventre-Dieu!

LOIGNAC, *faisant la pirouette.*

Me voilà, me voilà!... quelle vivacité!

LARCHANT.

Que diable! avez-vous peur?

LOIGNAC, *se redressant.*

Peur! moi... un cadet natif de Coignac!... Dans mon pays, monsieur, la peur est inconnue; mais non pas la prudence... Pourtant je vous dirai que dans votre passage noir, il y avait un certain parfum d'oubliettes qui m'a fait tant soit peu de mal à l'estomac.

LARCHANT.

Silence! et saluez le roi et la reine.

LOIGNAC, *se prosternant.*

Pardon et révérences à Leurs Majestés.

LE ROI.

Soyez le bienvenu, monsieur de Loignac.

LA REINE.

Enfin vous voilà. On a eu bien de la peine à vous amener jusqu'ici.

LOIGNAC.

Madame, permettez, j'évitais d'entrer dans le château de crainte d'y causer du scandale : le grand duc d'Épernon, mon maître, m'a élevé dans la haine de M. de Guise; sans l'avoir jamais vu, je le déteste, je l'exècre, je l'abomine! si je le rencontrais et qu'on me dit que c'est lui, crac! je le ferais dégaîner à la minute, et cette petite esclandre de ma vaillance dérangerait les plans de Votre Majesté!

LARCHANT, *entre ses dents.*

Peste! quel estafier contre M. de Guise!

LE ROI.

Parlons plus sensément. Vous dites donc, Loignac, qu'on l'attend à Paris?

LOIGNAC.

Sire, s'il sort d'ici, il monte sur le trône.

LE ROI.

Sa perte est résolue.

LOIGNAC.

Ainsi soit-il!

LE ROI.

J'ai des amis encore! mes braves ordinaires.

LOIGNAC.

Eh bien?

LE ROI.

Ils m'offrent leurs services.

LOIGNAC, *vivement.*

Pour occire le Macchabée?

LA REINE.

Demain.

LOIGNAC.

J'en suis, sandieu! j'en suis!

LE ROI.

Oui! vous allez les voir.

LOIGNAC.

Ah! la belle partie que nous allons jouer!

ACTE II, SCÈNE V.

LE ROI, *l'entraînant.*

Oui, oui! un jeu d'enfer!... la couronne de France. (*On entend frapper à la porte à gauche.*) Qui frappe ainsi?

PÉRICART, *en dehors.*

Sire, peut-on entrer?

LARCHANT.

C'est Péricart.

LA REINE.

Il faut voir ce qu'il veut; évitons les soupçons Loignac, retirez-vous derrière cette porte.

(*Loignac se cache.*)

PÉRICART, *en dehors.*

Sire, deux mots seulement.

LE ROI.

Ouvrez, Larchant.

SCÈNE VI.

LES PRÉCÉDENTS, PERICART.

LARCHANT, *ouvrant.*

Qu'y a-t-il donc pour venir déranger le roi à l'heure de son souper?

PÉRICART, *d'un air fier.*

Vous ne le saurez pas avant Sa Majesté; quand on a une agréable nouvelle à apporter au roi, on la garde pour soi et on ne l'éparpille pas en chemin, parce que les courtisans sont des gourmands qui gobent les bons morceaux au passage.

LE ROI, *riant.*

Eh! il a de l'esprit ce soir! Mais qu'est-ce, Péricart? qu'y a-t-il, mon garçon?

PÉRICART.

Il y a, Sire, que je viens vous faire ma cour et vous rendre content. Mais ne me trahissez pas; cachez encore un peu votre satisfaction; car le vieux Saint-Pol ne m'a parlé qu'à l'oreille. Il y a du mystère, voyez-vous!

LA REINE.

Saint-Pol?... le serviteur de monsieur de Guise?

PÉRICART.

Oui.

LE ROI.

Eh bien!

LA REINE.

Que t'a-t-il dit?

PÉRICART, *en confidence.*

D'aller ouvrir la poterne, d'éteindre les lanternes et de me mettre au lit bien tranquillement comme à l'ordinaire.

LA REINE.

La poterne ouverte?

LE ROI.

Et pourquoi?

PÉRICART.

Pour que madame de Sauve pût ressortir sans bruit et s'en aller de son pied léger jusqu'à la ferme de Paulette, ma fiancée future et la protégée de madame la reine.

LA REINE, *surprise.*

La marquise?... à la ferme du bois?

PÉRICART.

Oui; hier elle y a laissé ses gens et sa litière, et elle va les rejoindre pour cheminer vers Paris.

LA REINE, *très surprise.*

Quoi! à peine arrivée elle s'en retourne! et par ce temps cruel?... par une nuit si froide?

PÉRICART.

Oh! le froid n'y fait rien ; je viens de la voir partir enveloppée dans sa bonne mante fourrée; et puis, quand elle sera dans sa litière bien close, en se serrant un peu contre monsieur de Guise...

LA REINE.

O ciel!...

LE ROI, *s'écriant.*

Monsieur de Guise!...

PÉRICART, *vite et riant.*

Oui! réjouissez-vous! vous êtes à présent le seul maître céans, l'autre est parti! Voilà, voilà ma nouvelle!

LE ROI.

Ah! malédiction!

LA REINE, *chancelant.*

Je me meurs!

LE ROI.

Ma mère!... évanouie!... au secours!... Loignac!... (*saisissant au collet Péricart qui veut s'enfuir*) reste! reste avec nous, messager de Satan!... ne va pas bavarder! et que l'enfer le confonde!

(On s'empresse autour de la Reine qui est évanouie dans son fauteuil. Tableau. Le rideau se baisse.)

TROISIÈME TABLEAU.

Le théâtre représente l'intérieur de la ferme de Paulette. Chambre rustique. Petite pièce à droite, un peu saillante sur le théâtre, avec une lucarne à volet vitré qui fait face au public. A gauche, grande cheminée avec un feu pétillant. Dans le fond, la porte d'entrée donnant sur une forêt, et une fenêtre fermée par un volet. A gauche, un plan plus reculé que la cheminée, la porte de la chambre de Paulette. Une lampe allumée sur le trumeau de la cheminée. Quand la porte du fond s'ouvre on voit les arbres couverts de neige.

PAULETTE, seule.

(Elle porte un faix de menu bois et a une lanterne allumée qu'elle pose à terre en entrant, sans l'éteindre; elle jette son fagot dans la cheminée et se chauffe; puis elle prend un dévidoir et fait un peloton en chantant.)

Ah! Jésus! mon Dieu, qu'il fait froid! Quel temps! quelle nuit! quel grésil! avec ça que dans cette vilaine forêt je meurs de peur toute seule! (*avec un soupir.*) Toute seule! quand il serait si doux d'être deux!... un petit mari c'est si rassurant, si gentil! Allons, faute de mari, travaillons et chantons.

COUPLETS.

PREMIER COUPLET.

Quand le roi passa,
Voilà que la belle
Lui dit comme ça :
Margot je m'appelle;
J'ai quinze ans, oui-dà.
Monseigneur, voilà
Monsieur votre page
Dont le doux langage
Un jour me charma.
Tra la, la, la, la.

DEUXIÈME COUPLET.

Pour juger cela
Avec conscience,
Le roi lui donna
Secrète audience;
Et bientôt il la consola.
Tra la, la, la, la.
Et son mariage
Avec le beau page
Arrangea cela.

Là, voilà mon ouvrage fini. J'ai fait une bonne journée, j'ai été bien sage, bien gentille; je vas dire mes prières, couvrir mon feu, bassiner mon lit et dormir tout d'une traite pour recommencer demain. Fermons d'abord ma porte.

SCÈNE VIII.

PAULETTE, GUISE, LA MARQUISE, SAINT-POL, DEUX ECUYERS.

GUISE, *entrant.*

Pas encore, mon enfant.

PAULETTE.

Ah! mon Dieu!... j'ai eu peur.

LA MARQUISE, *s'asseyant près du feu.*

Vite, mes chevaux, ma litière!... Où sont mes gens? dorment-ils déjà? qu'on les réveille, et que tout soit prêt dans dix minutes.

PAULETTE.

Eh! madame, je n'avais ici ni de quoi loger vos gens ni remiser votre équipage; tout cela est chez mon beau-frère, à la ferme voisine; je suis seule dans ma chaumière avec la vieille Madeleine, qui garde mes vaches, et qui dort dans l'étable depuis longtemps.

LA MARQUISE.

Quelle contrariété !

GUISE.

Qu'importe? (*à Paulette.*) Cette ferme n'est pas loin ?

PAULETTE.

Oh! non; un quart de lieue par le sentier du bois.

SAINT-POL.

Montre-nous le chemin.

PAULETTE.

Volontiers, et je vais vous donner ma lanterne.

LA MARQUISE.

Oui, Saint-Pol, hâtez-vous.

GUISE, *montrant les écuyers.*

Emmenez ces messieurs qui pourront vous aider.

PAULETTE, *à la marquise.*

Reposez-vous, madame, je reviens à l'instant ; j'ai des petits poulets, du beurre, des œufs frais.....

SAINT-POL.

Ne causons pas, marchons !

PAULETTE.

Par ici, par ici.

(Ils sortent.)

SCÈNE IX.

GUISE, LA MARQUISE.

RÉCITATIF.

GUISE, *appuyé sur le dossier du siège de la marquise.*
Quel paisible séjour ! tout est silencieux,
Et j'aime, auprès de vous, le calme de ces lieux.

CHANT *très doux.*
Le toit solitaire
De simple chaumière
D'un tendre mystère
Double le bonheur.
Ce charmant voyage,
Ce pèlerinage,
Du plus doux présage
Font battre mon cœur.

LA MARQUISE.
Qui, dans cet asile,
Auprès d'un ami,

ACTE II, SCÈNE IX.

Mon âme est tranquille,
Et je dis aussi :

ENSEMBLE.

Le toit solitaire, etc.

GUISE, *avec amour.*

Je songe sans cesse
A ces jours si doux
Où notre tendresse
Trompait les jaloux.

LA MARQUISE, *avec coquetterie.*

Ce temps de folie,
Des premiers amours,
Printemps de la vie,
A fui pour toujours.

GUISE, *lui prenant la main.*

Amour et constance,
Amour d'autrefois!...

LA MARQUISE.

Écoutez... silence!...
On revient, je crois.

GUISE, *souriant,*

Non, tout est tranquille.
Attends leur retour.
Ce paisible asile
Plaît à mon amour.

ENSEMBLE.

Le toit solitaire, etc.

GUISE.

Oui, Charlotte, oui, le voyage seul avec vous est venu me rendre toutes mes illusions.

LA MARQUISE, *avec coquetterie.*

Et pourtant, monseigneur, que de peine à vous entraîner hors de ce bal où vos courtisans attendent encore votre retour!

GUISE.

Et voilà ce qui m'a déplu. On pourra me soupçonner de faiblesse. Chaque jour des billets secrets et sans signature venaient me menacer et me prier d'être en garde contre le fer ou le poison..... Vous m'avez fait partir secrètement, comme un homme craintif qui s'échappe.

LA MARQUISE.

Vouliez-vous donc qu'on sonnât les cloches à votre départ pour ameuter la chambre du tiers qui veut vous maîtriser et vous garder à Blois? pour éveiller le roi qui serait venu vous retenir par ses promesses hypocrites?

GUISE, *riant.*

Le roi! Oh! vive Dieu! voilà ce qui m'amuse! Que dira-t-il demain quand on va crier dans tout le château : Monsieur de Guise est parti!... Il va commander à ses chapelains quarante neuvaines pour mon retour.

LA MARQUISE, *riant aussi.*

Ah! comme la chronique de Blois va nous divertir à Paris!

GUISE.

Oui, il faut en finir; à Paris, à Paris! Aussi bien rien n'avance à cette assemblée de petits marchands et de clercs de la bazoche, qui parlent des affaires d'état comme d'une aune de serge ou d'un appointement au bailliage de Falaise; et puisqu'ils n'osent poser la couronne sur ma tête, je la vais chercher moi-même dans le coffret armorié qui renferme les joyaux du Louvre.

SCÈNE X.

LES MÊMES, PAULETTE.

PAULETTE, *accourant*.

Ah! monseigneur, madame!... je suis toute saisie!... Quel honneur pour ma maison! tous les grands personnages de France s'y donnent rendez-vous!

GUISE.

Quel discours!...

PAULETTE.

Oui; d'abord, vous voilà; et puis, le roi et sa mère sont à cent pas d'ici.

GUISE.

Est-il possible?

LA MARQUISE.

On nous poursuit, sans doute.

PAULETTE.

Oh! non; on ne sait pas que vous êtes ici. Écoutez, vous verrez. Je revenais de guider vos messieurs, quand, au détour du bois, un homme m'arrête, et c'était le capitaine Larchant... « Ah! te voilà, petite? tu n'es pas encore couchée? tant mieux, je venais t'éveiller, faire ouvrir ta porte; le roi et la reine me suivent. Tu es seule chez toi? point d'indiscret? personne qui puisse importuner Leurs Majestés... — Mais non, monsieur Larchant!... personne assurément!... » Je ne savais que dire.

LA MARQUISE.

Fort bien.

GUISE.

Ensuite?

PAULETTE.

Ensuite il m'a parlé d'un homme, d'un étranger qui devait venir en cachette causer avec le roi, m'a ordonné de le recevoir s'il arrivait à l'avance, et puis a rebroussé chemin vers une lanterne qui brillait dans la campagne et dont la clarté m'a fait reconnaître les dorures de la chaise à porteur de la reine-mère.

GUISE, *vivement*.

Un rendez-vous ici, avec un inconnu?

LA MARQUISE, *de même*.

Au milieu de la nuit?... et la reine malade?

GUISE.

C'est quelque trahison! je veux la découvrir.

LARCHANT, *en dehors*.

Oui, Sire... suivez-moi. Je suis tout près de la maison; doucement, les porteurs, il y a du verglas sur ces pierres!

GUISE.

Les voici.

LA MARQUISE.

Cache-nous quelque part.

PAULETTE, *désignant la chambre à droite*.

Ici!

LA MARQUISE, *entrant*.

Vite, vite!

GUISE, *à Paulette*.

Silence, sur ta vie!

(Ils entrent.)

PAULETTE, *à part*.

Silence!... je crois bien! Ils m'ont fait grand plaisir de se cacher; si la reine savait que je sers son ennemi!...

LARCHANT, *qui est arrivé doucement et à son oreille.*
Chut!... Où sont-ils?

PAULETTE, *très bas et très surprise.*
Qui donc?

LARCHANT.
M. de Guise et sa compagne?

PAULETTE.
Ah! mon Dieu! vous savez?

LARCHANT.
Oui; où sont-ils, te dis-je?

PAULETTE, *très embarrassée.*
Là.

LARCHANT.
Bon. Va-t-en; et silence, mort-Dieu!
(Il va à la porte du fond.)

PAULETTE, *à part, sur le bord du théâtre.*
Eh bien! à la bonne heure! au moins, ils disent tous la même chose; les voilà d'accord; silence à droite, silence à gauche... Ça me va à merveille; je suis dans mon principe : j'obéirai, bonsoir.
(Elle entre dans sa chambre.)

SCÈNE XI.

LE ROI, LA REINE, LARCHANT, GUISE et LA MARQUISE, *cachés.*

LARCHANT, *très bas, introduisant le roi et la reine, et leur montrant l'endroit où Guise et la marquise sont cachés.*
Ils sont dans cette chambre.

LE ROI, *très bas.*

Bon.

LA REINE, *de même.*

Tout a réussi.

LE ROI, *à haute voix et regardant du côté où Guise est caché.*

Nous y voici, ma mère; du courage!

LA REINE, *de même, mais tristement.*

J'en ai, mon fils: l'importance de ce rendez-vous a ranimé ma force. Quelle nuit solennelle! Pouvais-je ne pas vous accompagner? Le sort de la France va se décider dans une chaumière!

GUISE, *qui a ouvert le volet de la chambre, et à la marquise.*

Le sort de la France!

LA MARQUISE, *très bas.*

J'entends.

LARCHANT, *approchant une chaise.*

Asseyez-vous, madame.

LA REINE, *avec intérêt.*

Et cet homme, cet envoyé mystérieux, où est-il?

LE ROI.

Il ne peut être loin. Onze heures sonnaient à Blois quand nous sortions de la forêt, et c'est l'instant convenu.

LARCHANT.

Voulez-vous que j'aille à la découverte?

LE ROI.

Attends un peu; son billet me promet... (*On frappe trois coups à la porte du fond.*) Le voilà. Ouvre vite et garde les dehors.

ACTE II, SCÈNE XI.

LA REINE, *très bas*, *à Larchant.*

Et puis vous reviendrez comme je vous ai dit.

LARCHANT, *courant et sortant.*

Entrez, monsieur, voilà le roi et la reine.

SCÈNE XII.

LES MÊMES, *hors* LARCHANT ; LOIGNAC, *enveloppé d'un grand manteau.*

LE ROI, *vivement.*

Approchez, monsieur ; point de cérémonial ni de révérences. Le temps nous presse : allons au fait. Je n'ai pu vous recevoir au château : les espions de Guise veillent toujours ; mais ce soir j'ai trompé l'ennemi ; il donne un bal, une fête ; j'ai pu sortir en secret et vous appeler ici. Voyons, quelles paroles ou quelles dépêches m'apportez-vous de la Navarre ?

GUISE, *bas et vivement.*

Ah ! j'avais deviné !

LOIGNAC.

Sire, au métier que je fais, les papiers sont périculeux en route ; je n'en ai donc pas pris de crainte d'être pendu. Mais le roi de Navarre, toujours jovial, m'a dit que la pureté de mon accent me servirait de lettres de créance auprès de Vos Majestés. Or donc, ce roi vaillant vous fait offrir par moi mille baise-mains et une alliance à la vie et à la mort, contre tous les Guisards passés, présents et futurs.

LA REINE, *se levant avec solennité.*

Et nous allons reconnaître ici le roi de Navarre comme seul héritier de la couronne de France.

LOIGNAC.

A ce compte-là, madame, notre armée sera sous les murailles de Blois dans trois jours au plus tard.

LE ROI, *vivement*.

Accepté!... Oui, monsieur, je parle à cœur ouvert; je suis perdu sans les secours de mon beau-frère; la couronne choit de ma tête; je ne puis plus rien contre ce Guise rebelle; tout tremble devant sa puissance, et le roi de Navarre est intéressé comme moi!...

SCÈNE XIII.

LES MÊMES, LARCHANT.

LARCHANT, *accourant*.

Sire, étrange nouvelle!

LE ROI

Quoi donc?

LARCHANT.

Monsieur de Guise!

LA REINE.

Eh bien?

LARCHANT.

Il n'est plus au château!...

LE ROI, *feignant la surprise*.

Que dites-vous, Larchant?

LARCHANT.

Un de vos ordinaires a crevé son cheval pour vous en donner avis. Péricart lui a dit que le duc, entraîné par la marquise, cheminait vers Paris depuis une heure ou deux : il les a vus partir.

LA REINE, *avec une fausse joie*.

Mon fils, quelle nouvelle!

ACTE II, SCÈNE XIII.

LE ROI, *de même.*

Ah! j'en mourrai de joie!

LOIGNAC, *de même.*

Il quitte la partie!

LE ROI, *très vivement.*

Me voilà libre, enfin : mon royaume est sauvé... Parti, parti... ma mère!...

LA REINE, *de même.*

Ah! remerciez-moi.

LE ROI.

Vous?

LA REINE.

Oui, ces avis secrets, ces billets mystérieux où on l'effrayait de votre vengeance, et qu'il venait nous montrer avec un orgueil si dédaigneux!

LE ROI.

Est-ce donc votre ouvrage?

LA REINE.

Je lui ai donc fait peur, à ce grand duc de Guise!

LE ROI, *à Loignac.*

Allons, allons, monsieur, que je parte avec vous; rien ne m'arrête plus; rejoignons votre armée; nous les tenons, enfin, ces Lorrains dangereux! Nous allons les cerner dans les murs de Paris, et je vais planter bientôt mon étendard sur les hauteurs de Saint-Cloud, pour réjouir les yeux de monseigneur de Guise.

SCÈNE XIV.

LES MÊMES, GUISE, LA MARQUISE, SAINT-POL, PAULETTE, LES DEUX ÉCUYERS.

GUISE, *en fureur.*

Me voici de retour!

(Le roi et la reine feignant une grande surprise et une grande terreur. Paulette ouvre sa porte au cri de Guise et reste dans le fond à observer ce qui se passe. Au même instant Saint-Pol et les deux écuyers, entrant aussi par le fond, sont étonnés de voir le roi et la reine; ils observent Larchant et Loignac qui sont derrière le roi, et se placent derrière Guise.)

FINAL.

Plus d'égards, de mystère;
Me voici, roi trompeur!
Redoute la colère
Qui fait battre mon cœur.

ENSEMBLE GÉNÉRAL.

LARCHANT, *surveillant Guise.*

Sur le roi, sur sa mère,
Quels regards de fureur!
Mais je tiens ma rapière,
Gare à toi, monseigneur!

LOIGNAC, *à part.*

Comme il est en colère!
Tout va bien; quel bonheur!
J'ai conduit cette affaire
En adroit serviteur.

LA MARQUISE.

Ah! calmons sa colère;
Ses regards me font peur!
Pour le roi, pour sa mère,
Que je crains sa fureur!

PAULETTE, SAINT-POL *et* LES ÉCUYERS.

Ah! qu'il est en colère!
Son transport me fait peur.
Quel est donc ce mystère?
Et pourquoi sa fureur?

LE ROI *et* LA REINE, *bas.*

Soulevons le mystère
Et feignons la terreur.
Tout va bien; sa colère
Rend l'espoir à mon cœur.

ACTE II, SCÈNE XIV.

GUISE.

Non, non, de tant de perfidie
Je dois prévenir les États.
Par vous quand la France est trahie,
Non, non, je ne pardonne pas.

LA MARQUISE.

Monseigneur, calmez-vous.

GUISE, *en fureur.*

Le traître!

LA MARQUISE.

Soyez prudent.

GUISE.

Je suis leur maître!

LE ROI, *bas la à reine.*

Qu'il est joyeux!

LA REINE, *bas.*

Comme un enfant.

GUISE, *au roi.*

Eh bien! riez donc, maintenant.

LA REINE, *feignant l'accablement et s'adressant à Guise.*

Du destin de la France
Ordonnez dès ce jour.
Vous voulez la puissance?
Prenez-la sans retour.
Suivez-nous, point d'outrages,
Et du roi, de sa main,
Vous aurez tous les gages
Du pouvoir souverain.

(Étonnement général. Moment de silence. Guise sourit avec orgueil et puis réfléchit.)

LA MARQUISE, *bas à Guise.*

Ayez de la prudence,
Retenez ces éclats;
A quoi bon l'assistance
Des ligueurs, des États?

GUISE, *à voix basse, et regardant le roi.*
Oui, point de bruit, c'est le plus sage...
En tête-à-tête je le tiens!

LE ROI, *bas à la reine.*
Je lis déjà sur son visage
Qu'il se taira.

LA REINE, *bas.*
Oui, tout va bien.

GUISE, *au roi.*
Tremblez; car désormais rien de vous ne m'abuse.
Épargnez-vous tous deux les détours et la ruse.

LA REINE, *baissant la tête.*
Abandonnés du ciel...

GUISE, *avec fierté.*
Oui, tel est votre sort:
Venez tenir parole.

LE ROI, *bas à la reine.*
Il nous suit.

LA REINE, *de même.*
Il est mort.

(La reine s'achemine vers la porte, soutenue par le roi et Paulette. Les autres suivent.)

FIN DU DEUXIÈME ACTE.

ACTE III.

Le théâtre représente la salle du conseil. Décoration fermée. Dans le fond, au milieu, une pendule; à droite, aussi dans le fond, une porte à deux battants conduisant à la chambre du roi. A gauche, encore dans le fond, une fenêtre qui donne sur une cour, et qui, quand elle est ouverte, laisse apercevoir, au clair de lune, un lointain de bâtiments. A la deuxième coulisse, à gauche, porte qui conduit aux appartements communs du château; à la deuxième coulisse, à droite, autre porte qui conduit à la chambre de la reine. Au lever du rideau on voit Guise endormi et appuyé sur une petite table couverte de papiers; sur ces papiers le sceau royal. Cette table est à droite sur l'avant-scène. A gauche, grande table où six commis travaillent. Des bougies à demi consumées. Il est cinq heures du matin, marquées par la pendule.

SCÈNE PREMIÈRE.

GUISE, *endormi*, SIX COMMIS.

CHANT.

LES COMMIS, *à voix basse.*

Toute la nuit écrire ainsi !...
Profondément le duc sommeille.
Il faut pourtant qu'il se réveille;
Dans un instant tout est fini.

GUISE, *s'éveillant, et signant des papiers.*

Pour le Père Bourgoing, Montargis, Tours, Arras.
Puis, allez reposer, vous devez être las.

RÉCITATIF.

Je touche donc au trône, objet de mon désir !
Voici le sceau royal, ma main peut le saisir.
Je vais régner enfin, régner par mon génie
Et commencer ma gloire en sauvant ma patrie.

AIR.

J'entends déjà la marche triomphale,
De mes sujets j'entends déjà les cris.
Sonnez, clairons, jusqu'en ma capitale;
Gardes, ouvrez les portes de Paris.
Seigneurs, bourgeois, chacun se presse,
Soutien des lois, brave noblesse,
Un peuple heureux, sur mon passage,
M'offre ses vœux et son hommage.
  O France! espère;
  J'aurai pour toi
  Le cœur d'un père,
  Le bras d'un roi.
Et pourtant, lorsque tout semble ici me sourire,
Lorsque mon cœur se livre à ce vaste avenir,
Dans un songe cruel une voix vient me dire:
Un bonheur plus certain pour jamais va te fuir.
  Tu vas quitter de ta jeunesse
   L'asile heureux,
  Et la demeure enchanteresse
   De tes aïeux,
  L'antique et légère tourelle
   De ton castel,
  Et le fleuve à l'onde si belle,
   Miroir du ciel.
   Ton Dieu t'éclaire,
   Fuis une chimère,
Renonce au trône, ou bien, en même temps,
Périssent, toi, ta mère et tes enfants.
Pitié! mon Dieu, pour ma mère et mes enfants.
  Non, bannissons de mon âme
   Ce songe menaçant;
  Guise, la France te réclame
   Et le sceptre t'attend.
J'entends déjà la marche triomphale, etc.

SCÈNE II.

GUISE, LA MARQUISE, *entrant.*

GUISE, *voyant la marquise.*

C'est vous, Charlotte?... Vous voyez, j'ai passé la nuit à m'essayer au gouvernement suprême. Voilà le timbre royal, le cachet d'or aux fleurs de lys. Mais vous venez de chez la reine... a-t-elle toujours peur de ma colère? que dit-on? que se passe-t-il là-dedans?

LA MARQUISE, *observant la préoccupation de Guise.*

Catherine est mourante... et, je dois l'avouer, cette femme, accablée par les douleurs du corps et les peines de l'âme, a repris tout à coup son ascendant sur moi. Je me suis souvenu qu'au temps de sa puissance elle me protégea, m'appela son amie... sa main défaillante a pressé la mienne, j'ai soutenu sa tête... « Cela me fait du bien, m'a-t-elle dit, ne me quittez pas. » Une larme a coulé de ses yeux; je me suis attendrie et j'ai promis de passer le reste de la nuit auprès d'elle.

GUISE, *toujours préoccupé.*

Oui... je comprends votre émotion... il y a toujours quelque chose de touchant et de majestueux dans la chute des grands de la terre... et son fils, que fait-il?

LA MARQUISE.

Le roi? il s'est retiré d'un air tranquille; il assure qu'il sera heureux avec les honneurs et le titre de fils de France, et qu'il attend impatiemment l'heure du conseil pour signer son abdication et finir avec vous toutes ses querelles.

GUISE.

Tant de résignation !... il a raison, peut-être... oui,

à lui le repos... à moi, les jours de gêne et d'amertume. Oh! le métier de roi! le cœur le plus hardi s'en épouvante.

LA MARQUISE, *étonnée*.

Quel langage!... et que m'allez-vous dire?

GUISE, *baissant la voix*.

Ce que je veux cacher à tout autre qu'à vous. Mon orgueil vous demande le plus profond silence, et surtout près du roi! Je frapperais à mort quiconque oserait soupçonner ma faiblesse! Mais il n'est que trop vrai; mon triomphe m'accable; le cœur humain ne se peut expliquer. Plus jeune, vif, ardent, présomptueux, de loin j'ai désiré, poursuivi la couronne, et de près j'en ai peur. Plusieurs fois en ma vie, pour la saisir, je n'ai eu qu'à étendre le bras; mes doigts se sont fermés de crainte d'y toucher! Aujourd'hui c'est de même, et sur l'écusson d'or qui surmonte le bandeau des rois, mes yeux lisent écrit : Malheur, malheur à Guise!

LA MARQUISE, *vivement*.

Est-il possible?

GUISE, *de même*.

Oh! vous allez me blâmer et me vanter encore les honneurs de la souveraine puissance.

LA MARQUISE, *avec sensibilité*.

Moi! je vous ai trompé!

GUISE.

Trompé!

LA MARQUISE.

Je le croyais nécessaire; en flattant vos désirs, en souriant à vos projets, je voulais seulement vous emmener d'ici où tout menaçait vos jours et où je crains encore!...

GUISE.
Attenter à mes jours! on n'oserait, madame!

LA MARQUISE, *très vivement.*
Monseigneur! mon ami! croyez-en mon amour, qui pour vous entraîner prenait le masque de l'ambition. Et que manque-t-il encore à la vôtre? le nom de Guise n'est-il pas illustre? n'êtes-vous pas chéri de vos vassaux, adoré d'une noble et puissante famille? Ah! songez au bonheur que vous allez quitter, et que le souvenir de vos jeunes années... Henri, vous vous troublez, vous retenez des pleurs! votre cœur est ému! écoutez ce qu'il dit : Fuyez, fuyez le trône.

GUISE, *vivement.*
Non, non, il n'est plus temps! Moi, trahir tant d'amis qui sont liés à ma fortune, et qui tous périraient par mon abandon!

LA MARQUISE, *avec dédain.*
Des amis!... Eh! grand Dieu!

GUISE, *avec force et amertume.*
Il n'est plus temps, vous dis-je! On ne peut s'arrêter dans la route où je suis entré, où le destin me tient avec sa main de fer et m'entraîne en avant en criant : Marche, marche!... Le bonheur, dites-vous! des souvenirs paisibles?... non, non; les tourments du souverain, la tristesse qui l'environne, l'injustice qui l'accuse!... Je suis roi, je veux l'être, il le faut! Adieu tout ce qui fait le charme de la vie, tous les sentiments tendres, les douceurs de famille!... Mon fils s'appellera monseigneur le Dauphin, et je n'aurai plus le temps d'être père!

SCÈNE III.

LES MÊMES, LARCHANT.

LARCHANT.

Monseigneur, à l'instant madame de Nemours et vos jeunes enfants arrivent au château.

GUISE, *vivement.*

Ma mère! mes enfants!

LA MARQUISE, *de même.*

Le Ciel vous les envoie! et songez en les embrassant...

GUISE, *l'interrompant.*

Silence, entendez-vous!... Adieu, Charlotte, adieu. Je reviendrai bientôt, car le conseil est pour sept heures.

(Il sort vivement; la marquise rentre chez la reine.)

SCÈNE IV.

LARCHANT, *seul.*

Ils sont bien agités!... On garde ici la marquise afin d'être plus sûr que le duc reviendra. Madame Catherine a fait toute sa vie servir l'amour à quelque chose. Mais les ordres du roi... dépêchons. (*entr'ouvrant la porte du fond qui va chez le roi.*) Holà! monsieur Dubalde, envoyez-moi l'ami Péricart. (*redescendant la scène.*) L'instant approche, et quand je pense qu'il embrasse sa mère pour la dernière fois!... Harnibien! c'est dommage que cet homme-là soit devenu un scélérat rebelle contre son roi et qu'il faille le tuer dans une heure! qui m'aurait dit cela? il se battait si bien contre les Allemands! Oh! c'est que je l'ai vu; j'étais tout près de lui. Qu'y faire? Il l'a voulu... je dirai deux *Pater* pour que Dieu lui fasse miséricorde. (*se retournant.*) Ah! çà, mais viendra-t-il, ce damné paresseux?... Péricart!

SCÈNE V.

LARCHANT, PAULETTE.

PAULETTE, *sortant de chez la reine.*

Qu'y a-t-il donc, monsieur Larchant? que voulez-vous de Péricart?

LARCHANT.

Eh! pardieu! qu'il soit à son ouvrage ordinaire. Ne l'ai-je pas fait nommer garçon de salle du conseil à un écu par semaine? Qu'il vienne donc pour emporter ces cartons dans le cabinet du roi; c'est là que la séance doit se tenir aujourd'hui. Allons, vite, chacun sa besogne, et ce matin j'ai assez de la mienne, de par tous les diables d'enfer!

PAULETTE.

Ne vous fâchez pas, je vais le chercher.

LARCHANT.

Non, non; il est là-haut avec les gens du roi, et il t'est défendu d'aller rôder par là; mais on va l'envoyer, donne-lui mes ordres. Six heures vont sonner; que de soins, de fatigue! (*en sortant, et d'une voix sombre.*) Il nous en souviendra du 23 décembre!

(Il sort vivement par la porte à gauche, et on entend le bruit de plusieurs serrures qu'il ferme après lui. En même temps on voit Péricart montrer sa tête triste et pâle entre les deux battants du fond.)

SCÈNE VI.

PAULETTE, PÉRICART.

PAULETTE, *le voyant.*

Eh! arrive donc! il y a une heure que M. Larchant t'appelle; il vient de s'en aller en fermant les portes qui communiquent aux autres bâtiments du château. (*Péricart s'avance en tremblant.*) Eh ben!... as-tu perdu la parole?... pourquoi trembles-tu? qu'est-ce que tu as dans les jambes?

PÉRICART, *balbutiant.*

Toi ici, ma pauvre Paulette! Eh! que viens-tu chercher dans ce château épouvantable?

PAULETTE.

C'est madame la reine qui m'a fait une visite et qui n'a pas voulu que je la quittasse, tant elle était malade pour s'en retourner! Pendant la route elle s'est évanouie trois fois dans sa chaise. Oh! si tu savais quel tapage il y a eu chez moi!

PÉRICART.

Eh! pardi! de mon côté j'en ai long à te dire, va... Laisse-moi m'asseoir, et puis nous jaserons si je puis parler.

PAULETTE, *le faisant asseoir.*

Quelle triste figure!

PÉRICART.

Il n'y a pas de quoi peut-être!... depuis hier je suis logé dans un petit donjon qui est une glacière; puis, pour mon souper, on m'a donné la desserte du roi, et comme il est vigile j'ai eu six pruneaux de Tours, une pomme d'api et un verre d'eau de chicorée!... Ayez donc de la gaîté dans les yeux et du vermillon sur les joues avec ce régime-là... Enfin, pour m'achever, un complot de Satan... un secret infernal!

PAULETTE.

Comment?

PÉRICART, *se levant.*

Chut!... oui, là-haut, dans un corridor noir, devant la porte de ma prison, cinq ou six réprouvés aiguisant des poignards et prononçant à voix basse des imprécations contre monsieur de Guise.

PAULETTE.

Que dis-tu là?

PÉRICART.

Ce matin, mon enfant, on doit l'expédier!... et le plus enragé s'appelle Loignac, car il a dit son nom pendant qu'il racontait en riant la ruse diabolique employée par la reine pour empêcher monsieur de Guise d'aller à Paris.

PAULETTE.

Eh! quelle ruse donc?

PÉRICART.

Oh! que sais-je?... le roi de Navarre... un faux ambassadeur dans ta maisonnette. Je n'y ai rien compris.

PAULETTE, *vivement.*

Oh! sainte Vierge!... quoi!... c'était pour l'arrêter! le tuer!

PÉRICART, *vivement.*

Tais-toi donc! ces murs ont des oreilles.

PAULETTE.

Dans ma maison! ô ciel! Et moi qui n'ai rien dit! qui ai servi leur ruse!... je serai leur complice! Sa mort! sa mort, dis-tu?... oh! ce serait horrible!

PÉRICART.

Tais-toi, encore un coup!

PAULETTE, *très vivement.*

Non, je veux le sauver!

PÉRICART.

As-tu perdu l'esprit?

PAULETTE, *lui échappant.*

Laisse-moi, laisse-moi!

PÉRICART.

Paulette!

(Elle rentre en courant chez la reine.)

SCÈNE VII.

PÉRICART, *seul, se désespérant.*

O misérable!... femelle écervelée qui va bavarder pour me faire pendre!... c'est fini! m'y voilà.

(Tombant à genoux, les mains jointes.)

CHANT.

Ah! faisons ma prière
Dévotement, hélas!
C'est mon heure dernière
Qui s'avance à grands pas.
A la fleur de mon âge,
Oh! quelle triste loi!
C'est vraiment bien dommage,
Et j'ai pitié de moi.

(Il marmotte des prières en se frappant la poitrine.)

SCÈNE VIII.

PÉRICART, *à genoux*, LA MARQUISE, PAULETTE.
(Entrée fort vive.)

TRIO.

LA MARQUISE.
O trahison !

PAULETTE.
Faites silence.

LA MARQUISE.
Je meurs d'effroi.

PAULETTE.
De la prudence.

LA MARQUISE.
Viens ; chez le duc il faut courir.

PAULETTE.
D'ici vous ne pouvez sortir,
Tout est fermé.

LA MARQUISE.
Mystère horrible !
Je veux le voir.

PAULETTE.
C'est impossible,
Tout est fermé.

LA MARQUISE.
Non, pas pour moi.
Pour faire ouvrir je vais au roi.

PAULETTE, *l'arrêtant.*
O ciel ! ô ciel ! qu'allez-vous faire ?
Vos traits, votre pâleur, hélas !
Soudain ne lui diraient-ils pas
Que vous savez ce noir mystère ?
Vous vous perdez tous deux.

LA MARQUISE.

Quel tourment! et que faire?

PÉRICART, *à genoux.*

Comme moi prier Dieu tout bas.

TRIO.

PÉRICART.	LA MARQUISE *et* PAULETTE.
Ah! faisons ma prière	Ah! que Dieu nous éclaire
Dévotement, hélas!	Et nous inspire, hélas!
C'est mon heure dernière	Pour le sauver que faire?
Qui s'avance à grands pas.	On arrête nos pas.
A la fleur de mon âge,	Comment, par un message,
Ah! quelle triste loi!	En ce moment d'effroi,
C'est vraiment bien dommage,	Tromper avec courage
Et j'ai pitié de moi.	La cruauté du roi.

PAULETTE, *ouvrant la croisée du fond.*

Mais Péricart pourrait peut-être,
En descendant par la fenêtre...

LA MARQUISE.

Voyons.

PÉRICART.

Vingt pieds d'ici là-bas.

LA MARQUISE, *à Péricart.*

Courage! en ce moment terrible.

PÉRICART.

Ah! si la fuite était possible,
Ici je ne resterais pas.

PAULETTE, *à Péricart.*

Trouve un moyen.

PÉRICART, *avec humeur.*

Trouve une échelle.

LA MARQUISE, *désespérée.*

Eh! quoi?...

PÉRICART, *cherchant des yeux.*

Si nous avions encor
Le plus mince cordon, vous verriez de quel zèle...

ACTE III, SCÈNE VIII.

LA MARQUISE, *avec un cri d'espoir.*

Ah!...

PAULETTE.

Silence! grand Dieu!

LA MARQUISE, *défaisant sa ceinture.*

Ma cordelière d'or!

PÉRICART.

Eh! oui, vraiment.

LA MARQUISE.

Tiens! tiens!

PAULETTE, *à Péricart.*

Attache, attache vite!

PÉRICART, *à part.*

Avec monsieur le duc je vais prendre la fuite.

LA MARQUISE.

Attends, j'écris deux mots.

(Elle tire des lettres de son drageoir et écrit au crayon.)

PAULETTE, *a Péricart, au fond.*

Fais un nœud par ici.

LA MARQUISE.

Écrivons à sa mère, elle peut tout sur lui.

(La musique cesse un instant. La marquise écrit avec agitation et en disant à Paulette, qui est revenue près d'elle, les mots qu'elle trace.)

« Fuyez d'ici, madame!... entraînez votre fils... on
« veut l'assassiner... C'en est fait de ses jours s'il ne
« s'éloigne pas!... »

PAULETTE.

Bien!

LA MARQUISE, *écrivant.*

« Et que son départ me soit annoncé par un flam-
« beau placé sur la fenêtre de la galerie qui précède
« ses appartements...

PAULETTE, *désignant la croisée du fond.*

Oui, on la voit d'ici!... Un flambeau... c'est cela!

LA MARQUISE.
« Qu'il parte, au nom du ciel, ou sa mort... »
(La musique reprend.)

PAULETTE.
Il suffit. Péricart !

PÉRICART.
Que Dieu sauve mes jours !

LA MARQUISE, *lui donnant les tablettes.*
Tiens.

PÉRICART.
Pour le duc ?

LA MARQUISE.
Non pas, madame de Nemours.

PÉRICART.
Sa mère ?

LA MARQUISE.
Elle est ici.

PÉRICART.
Fort bien.

PAULETTE.
Pars donc.

PÉRICART, *sur la fenêtre, et disparaissant.*
J'y cours.

LA MARQUISE et PAULETTE, *à la fenêtre du fond.*
Que Dieu le conduise !
Pour son entreprise
Invoquons le sort.
Hélas ! du courage ;
Et que son message
Arrive à bon port !

SCÈNE IX.

PAULETTE, LA MARQUISE.

PAULETTE, *écoutant à la porte du fond.*

J'entends du bruit!... On marche dans la chambre du roi!

LE ROI, *sans être vu.*

Duhalde, arrivez donc!

LA MARQUISE, *reprenant sa ceinture.*

Ciel!

PAULETTE.

C'est le roi lui-même!

LA MARQUISE.

Va-t-en, va-t-en.

PAULETTE.

Et vous?

LA MARQUISE.

Non, j'attends le signal.

PAULETTE.

Mais, madame...

LA MARQUISE.

Pars! on se douterait que nous sommes d'intelligence!

PAULETTE, *s'enfuyant.*

On vient ici.

LE ROI, *sur la porte et parlant en dedans.*

Eh! oui, certainement; messieurs du conseil vont venir.

LA MARQUISE, *tombant sur un siège.*

Oh! sa voix m'épouvante!

SCÈNE X.

LE ROI, LA MARQUISE.

LE ROI, *pâle, un bougeoir à la main.*

Je ne puis rester en place!... la fièvre me dévore... (*regardant la pendule.*) Six heures dix minutes. Oh! que cette nuit est longue!

LA MARQUISE, *à part.*

Ma tête s'égare!... Comment ne pas me trahir?

LE ROI, *la voyant, à part.*

La marquise!...

LA MARQUISE, *à part.*

Je me meurs!... que lui dire?

LE ROI, *à part.*

Peste soit de sa présence! (*haut et doucereusement.*) Eh! que vois-je?... Quoi! ma toute belle, vous attendez le jour dans un fauteuil? Ne vous avait-on pas logée plus commodément dans une chambre près de ma mère?... et ses femmes ne se sont-elles pas empressées de vous servir?

LA MARQUISE, *après un vain effort pour se lever.*

Oui, Sire... mais je n'ai pas voulu... J'ai veillé près de la reine... elle s'est endormie, je crois... et alors...

LE ROI.

Mais, vous êtes mal ici... sans compagnie, sans feu... Eh! mort-Dieu! quel est le mal avisé qui a ouvert cette fenêtre?... Fermons vite.

LA MARQUISE, *se levant et arrêtant le roi.*

Non, non... je vous supplie!... c'est moi... j'avais besoin de respirer... j'étouffais chez la reine... et l'air me fait du bien.

LE ROI, *serrant son manteau.*

Vraiment?... cela étant, prenez, prenez le frais. Vivent les amoureux pour braver les frimas!

LA MARQUISE, *distraite et regardant à chaque instant du coin de l'œil si elle aperçoit le signal.*

Comment! que veut dire Votre Majesté?

LE ROI.

Mais... que cette croisée est en face des appartements de M. de Guise... et que peut-être quelque signe d'amour franchissant la distance...

LA MARQUISE, *à part.*

Rien... rien encore.

LE ROI.

Plaît-il?

LA MARQUISE.

Un signe, dites-vous?... par cette nuit obscure?

LE ROI.

Que sais-je, moi?... quelque sérénade, par exemple, quelque galanterie à l'espagnole.

LA MARQUISE, *se contraignant à peine.*

Sont-ce donc là les idées frivoles qui occupent Votre Majesté?

LE ROI.

Pourquoi non?... je suis si heureux de pouvoir me débarrasser des choses sérieuses en faveur de mon cousin de Guise!... Et vous, sa favorite, vous allez triompher!...

LA MARQUISE, *indignée, à part.*

Affreuse raillerie!

LE ROI.

Ah! comme il sera beau sous le manteau royal!

LA MARQUISE, *à part.*

La colère m'emporte!

LE ROI.

Enfin, plus de querelles, plus de guerre entre nous; j'ai donné mes ordres, pris mes mesures, et tout sera fini ce matin.

LA MARQUISE, *s'emportant.*

Vos ordres!... ce matin!... oui, oui, je vous comprends... (*voyant le flambeau.*) Dieu! que vois-je!... Ah! perfide!... Il est sauvé!... il est sauvé!

LE ROI, *vivement.*

Quel transport!...

LA MARQUISE, *avec la plus grande vivacité.*

Je vous brave à mon tour! et l'amertume de votre ironie je vous la renvoie avec délices!... Vous vouliez le tuer!... où sont les meurtriers?... qu'ils aillent le chercher au milieu de ses gentilshommes!...

LE ROI.

Qu'entends-je?

LA MARQUISE.

Il sait votre dessein, et par moi, par moi seule! Vous parliez d'un signal!... regardez, le voilà! Guise ne vous craint plus!... et pour moi, que m'importe?... Ordonnez de mon sort, je suis entre vos mains, et ma prison sera la chambre de la reine; je vais lui révéler ma conduite, et à son lit de mort, dans ce moment terrible où il faut se repentir, j'ose espérer pour elle qu'une mère me bénira d'avoir épargné un crime à son fils!

(Elle entre chez la reine.)

LE ROI, *exaspéré.*

Rage! fureur! vengeance!

SCÈNE XI.

LE ROI, LOIGNAC.

LOIGNAC, *entrant vivement par la porte à gauche.*
Voici monsieur de Guise!

LE ROI, *effrayé.*

Lui!

LOIGNAC.

Il traverse la cour.

LE ROI.

Il vient pour se venger.

LOIGNAC.

Non! On vous trahissait, mais je veillais pour vous; j'ai vu au clair de la lune un homme se sauver par cette fenêtre; j'ai sauté d'un balcon, je l'ai pris à la gorge; il m'a tout avoué, et voici son message.

(Il donne au roi les tablettes.)

LE ROI, *dans le dernier trouble.*

O ciel!... mais ce signal, ce flambeau?

LOIGNAC.

C'est moi qui l'ai placé! Tout est calme, vous dis-je, et Guise ne sait rien!

LE ROI.

Ah! je respire à peine!... Allons!... tout est-il prêt?

LOIGNAC, *ouvrant la porte du fond.*

Voyez!

(On voit dans l'ombre les quatre assassins.)

SCÈNE XII.

LES MÊMES, LARCHANT.

LARCHANT, *annonçant.*

Les membres du conseil montent le grand escalier.

LE ROI, *se soutenant à peine.*

Voici l'instant!... Larchant!... votre serment vous impose silence!

LARCHANT, *baissant la tête.*

Oui, Sire, je le sais.

LE ROI, *la voix éteinte et chancelant.*

Dites à ces messieurs que je les attends. Allons, Loignac, allons, refermez cette porte et que tout paraisse tranquille.

(Il entre dans sa chambre avec Loignac; la porte se referme.)

SCÈNE XIII.

LARCHANT, *seul, s'appuyant sur la table.*

Sur mon âme, je n'en puis plus!... C'est la première fois que mon serment de fidélité au roi m'importune et que mon devoir m'afflige. Un frisson me saisit, et si je n'avais pas en poche mon cordial ordinaire (*Il tire une gourde de sa poche, et se verse de la liqueur dans le bouchon qui est creusé en gobelet*)... On vient, la main me tremble... et je n'ai pas même la force de boire.

(Le verre plein et le flacon restent sur la table.)

SCÈNE XIV.

LARCHANT, GUISE, QUATRE MEMBRES DU CONSEIL PRIVÉ.

LARCHANT.

Messieurs, le roi désire que le conseil se tienne aujourd'hui dans son cabinet ; il pense que vous y serez mieux que dans cette grande salle.

GUISE, *un papier à la main.*

Le roi a raison. Les affaires importantes que nous avons à traiter demandent un lieu retiré; il ne faut pas qu'on puisse écouter aux portes.

LARCHANT.

C'est fait de lui !

GUISE, *va pour entrer; puis s'arrête et dit aux conseillers :*

Allez, allez, messieurs, passez, je vous prie; je vais vous rejoindre.

(Les conseillers entrent chez le roi ; la porte se referme.)

SCÈNE XV.

GUISE, LARCHANT.

LARCHANT, *à part.*

Qu'est-ce donc qui l'arrête ?

GUISE.

Monsieur de Larchant... pourquoi donc votre compagnie écossaise est-elle rassemblée sur le grand escalier? Qu'est-ce que cela signifie? c'est contre l'usage.

LARCHANT.

Ces braves gens ne vous ont-ils pas dit ce qui les occupe, monseigneur? Ne vous ont-ils pas remis une requête au conseil pour être payés de six mois de solde arriérée?

GUISE.

Oui, voici leur placet; mais faut-il tant de monde pour le présenter?

LARCHANT.

Ils ont cru vous intéresser davantage en vous faisant voir un grand nombre de visages allongés par la faim et de pourpoints en guenilles.

GUISE.

Pauvres gens!... je les plains et je les servirai. Vous savez, Larchant, que j'estime et que j'aime les hommes de guerre.

LARCHANT.

Parce que vous êtes vous-même un véritable soldat; et je me rappelais tantôt vos premières armes. Jarnidieu! comme votre père était fier de vous après le siége d'Orléans! Et comme vous criâtes avec nous sur les remparts: Vive le roi! Vous en souvient-il, monseigneur?...Ne regrettez-vous pas un peu ce temps-là? (*Guise, qui s'est appuyé sur le dossier d'un fauteuil près de la table, s'y laisse tomber.*) Mais qu'est-ce donc?... que vois-je?... vous êtes bien pâle, monsieur le duc?

GUISE.

Ce n'est rien... la fatigue... un éblouissement en traversant la cour... Ce temps de neige humide me fait toujours souffrir... le cœur me fait mal.

LARCHANT.

Ma foi! j'en dis autant, et pour réconforter le mien, vous voyez, j'allais avaler quelques gouttes de cette liqueur de Hollande. Essayez, monseigneur... cela

ACTE III, SCÈNE XV.

donne des forces... et il y a quelquefois des moments dans la vie...

GUISE, *buvant un peu.*

Volontiers... Oui, cela fait du bien.

LARCHANT.

N'est-ce pas?... Tenez, monseigneur, il y a deux choses qu'un bon soldat comme moi, comme vous, devrait faire chaque matin, et que je n'oublie jamais depuis trente ou quarante ans.

GUISE.

Et ces deux choses?...

LARCHANT.

Boire un coup pour avoir mieux la force de se battre, et puis...

GUISE.

Et puis?...

LARCHANT.

Penser à Dieu pour savoir mourir... car dans notre métier on n'est jamais sûr de vivre un quart d'heure... et la mort nous arrive on ne sait par où ni comment... et au moins quand on a dit au ciel : J'eus tort, je me repens, j'espère, on tombe avec courage, et les amis se consolent en se rappelant que Dieu est bon... Avez-vous quelquefois songé à cela, monseigneur?

GUISE.

Sans doute, et chaque jour...

LARCHANT, *détournant les yeux.*

Tant mieux, j'en suis content.

GUISE.

C'est un vœu que je fis à la bataille de Douans, quand je tombai mourant de ma balafre au visage, et quand vous vîntes, blessé vous-même, me sortir de la mêlée ; car je vous dois la vie, mon brave Larchant. L'avez-vous oublié? Pour moi, j'ai de la mémoire.

LARCHANT, *ému graduellement jusqu'à la fin.*

Jarnibieu!... le bon temps que vous venez me rappeler! Alors le diable n'avait pas inventé la ligue et les ligueurs, nous étions tous frères d'armes et bons amis.

GUISE.

N'êtes-vous plus des miens, mon vaillant camarade?

LARCHANT.

Peste soit des querelles et des discordes civiles!

GUISE, *se levant.*

Bien dit, Larchant, bien dit!... vous êtes un brave homme ; vous m'aimerez encore. Comptez sur moi, vos vieux jours seront heureux.

LARCHANT.

Oh! monseigneur... en ce moment... ce n'est pas à moi qu'il faut songer.

GUISE.

Adieu! le roi m'attend. Votre main, mon vieux compagnon.

LARCHANT, *fort troublé.*

Je n'ose, monseigneur.

GUISE.

Pourquoi?... Pensez-vous que je vous blâme de votre dévouement à la maison de Valois? Détrompez-vous, Larchant; j'honore les cœurs fidèles, et je mépriserais le serment que ma fortune vous demandera bientôt si vous ne teniez pas jusqu'au dernier moment celui qu'a reçu de vous Henri III et dont vous n'êtes point encore dégagé.

LARCHANT.

Il est vrai!... Et c'est vous... c'est vous, monsieur le duc, qui venez me rappeler mon devoir!

GUISE.

Moi-même. Oh ! vous me connaîtrez mieux, et l'avenir, si Dieu nous en donne...

RÉCITATIF.

Le pays en moi seul a mis son espérance,
Il lui faut obéir ; la force du destin
Veut que je règne sur la France.
Un instant j'ai tremblé de me voir souverain.
Mais, éloignant ce vain présage
Et de tristes pressentiments,
Je viens de retrouver ma force et mon courage
En pressant sur mon cœur ma mère et mes enfants.

(Il entre chez le Roi.)

LARCHANT, *qui a les yeux détournés.*

Ses enfants et sa mère !...
En sortant de leurs bras !...
Non, je ne puis me taire ;
Et Dieu ne le veut pas.

(Il se retourne, voit que Guise est entré et pousse un cri. A ce moment un grand tumulte éclate dans la chambre du roi. Guise, poursuivi par les assassins et poignardé par eux, ressort en se défendant et vient tomber frappé de mort au fond de la scène. Larchant court à lui et le reçoit dans ses bras. La marquise s'élance hors de la chambre du roi et court aux genoux de Guise soutenu par Larchant, qui semble arrêter les assassins d'un geste. Pendant ce temps le roi soulève la portière de sa chambre, et l'on voit paraître la figure pâle et décomposée de Henri III qui montre à Catherine leur ennemi poignardé. — Le rideau baisse sur ce tableau.)

FIN DU TROISIÈME ACTE.

www.ingramcontent.com/pod-product-compliance
Lightning Source LLC
LaVergne TN
LVHW050559090426
835512LV00008B/1248